高校体育教育
发展情况分析与改革研究

朱明江◎著

中国水利水电出版社
www.waterpub.com.cn
·北京·

内 容 提 要

体育教育是我国教育事业的重要组成部分,对于现代全面、优秀人才的培养具有重要的教育培养作用与价值。

本书首先简要阐述了体育教育的基本理论与热点问题,重点对我国高校体育教育发展情况进行了全面、系统的分析与研究。

本书结构清晰,论述严谨,语言精炼而又通俗易懂,包含体育教育改革、发展、创新的方方面面,既可作为高等院校体育课的教材书,也可作为体育爱好者自主学习的参考书。

图书在版编目(CIP)数据

高校体育教育发展情况分析与改革研究/朱明江著
. —北京:中国水利水电出版社,2017.7 (2024.1重印)
ISBN 978-7-5170-5718-5

Ⅰ.①高… Ⅱ.①朱… Ⅲ.①高等学校－体育教育－研究 Ⅳ.①G807.4

中国版本图书馆 CIP 数据核字(2017)第 189405 号

书　　名	高校体育教育发展情况分析与改革研究　GAOXIAO TIYU JIAOYU FAZHAN QINGKUANG FENXI YU GAIGE YANJIU
作　　者	朱明江　著
出版发行	中国水利水电出版社
	(北京市海淀区玉渊潭南路 1 号 D 座 100038)
	网址:www. waterpub. com. cn
	E-mail:sales@waterpub. com. cn
	电话:(010)68367658(营销中心)
经　　售	北京科水图书销售中心(零售)
	电话:(010)88383994、63202643、68545874
	全国各地新华书店和相关出版物销售网点
排　　版	北京亚吉飞数码科技有限公司
印　　刷	三河市天润建兴印务有限公司
规　　格	170mm×240mm　16 开本　15.5 印张　201 千字
版　　次	2018 年 1 月第 1 版　2024 年 1 月第 2 次印刷
印　　数	0001—2000 册
定　　价	68.00 元

前　言

　　体育教育是我国教育事业的重要组成部分,对于现代全面、优秀人才的培养具有重要的教育培养作用与价值。高校作为我国体育教育系统的重要教育基地,在现代教育发展与人才培养方面发挥着重要的作用。

　　新时期,我国重视高校体育教育的改革与发展创新,《高校体育教育发展情况分析与改革研究》一书的撰写在全面阐述体育教育基本理论知识的基础上,针对当前体育教育的热点、现状、问题及发展等进行了深入研究与分析,对我国高校体育教育的进一步改革深化与发展完善具有重要的理论指导和启发意义。

　　全书共八章,从发展的角度对高校体育教育展开全面论述。第一章为体育教育的基本理论与热点问题探讨,简要阐述了体育教育的产生与发展,体育教育的概念,体育教育的结构、功能与本质,并对当前体育教育的热点问题进行了全面分析;第二章为我国高校体育教育的现状及问题分析,分别就当前我国高校体育教育的现状、发展中存在的问题、发展前景与策略进行了深入研究;第三章为当前我国高校体育教育理念及发展探讨,主要内容包括当前我国高校体育教育的三大理念研究、国外体育教育理念对我国的启示分析、我国高校体育教育理念的改革与创新研究;第四章从体育教学方法、体育教学模式、体育教学设计三个方面对我国高校体育教学实现途径及发展进行了深入探讨;第五章为高校体育教育主体的发展与分析,专门针对高校体育教师、学生这两个群体在高校体育教育中的发展进行了研究,并就高校体育教育发展中和谐师生关系的构建进行了详细阐述;第六章以体育课程为主要研究对象,对高校体育教育载体的发展进行了深入研究;

第七章为高校体育教育管理体系及其发展分析,涉及体育教学资源管理、体育教学活动管理两方面内容,在此基础上分析了我国高校体育教育管理的瓶颈,并指出了具体的解决措施;第八章重点对我国高校相关体育课程,包括田径运动课程、球类运动课程、民族传统体育课程的改革与发展进行了全面、系统地分析与研究。整本书理论性强、逻辑清晰、结构完整、内容丰富,包含了体育教育改革、发展、创新的方方面面,是一本系统的、时代性较强的科学读本。

本书在撰写过程中,借鉴吸收了一些专家学者有关体育教育的研究资料和成果,在此对他们表达诚挚的谢意。由于时间和精力有限,书中难免会有遗漏不妥之处,恳请广大读者给予批评指正。

作者

2017 年 6 月

目　　录

第一章　体育教育的基本理论与热点问题探讨

体育教育是高等教育中非常重要的一个环节,对大学生的身心健康具有非常重要的意义。研究体育教育,首先要了解体育教育的基本理论,了解体育教育的产生与发展过程,理解体育教育的概念,以及它的本质、结构与功能。为了进一步了解和探索体育教育,必须对当今体育教育的热点问题进行研究,本章将会对这些问题一一进行研究。

第一节　体育教育的产生与发展

一、体育教育的产生

体育教育的产生是从体育产生以后,逐渐形成的。体育来源于人类长期的生活和生产实践中,它伴随着人类社会的发展而不断发展。体育是人类文化的重要组成部分,人类文化的发展对体育的发展产生着巨大的影响。而体育的发展和传承需要体育教育的存在,从某种程度上来说,体育教育也可以被用来作为一种社会文化进步的标志。体育在产生之初,通常表现出很多封闭性的、区域性的特点,包含着地方文化的特点。从不同的文化价值观和规范方面来看,不同区域诞生的区域性体育文化往往差异极大。在这样的体育文化孕育下,也产生了不同类型的体育教育。

（一）中国古代的体育教育

在我国的历史发展长河中,文明源远流长,文化繁荣昌盛,教育也一直是我国历来非常重视的一个部分,但我国比较重视智力教育和道德教育,体育教育一直没能成为教育的主角。但在我国古老的教育体系中,也有关于体育教育的内容。从文献记载的资料来看,早在我国夏朝时期就已经在教育中出现了体育教育的内容,如夏代已有称为"校""序""庠"等不同名称的学校;商代又出现了"大学"和"庠"两级施教的学校教育;西周时,学校又有了发展,分为"国学"和"乡学"两种,这些学校均是为奴隶主贵族子弟设立的,是培养统治者和官吏的学校。在我国古代社会中,教育是由隶属于等级地位较高的社会阶级垄断的,寻常百姓很难获得平等的教育资源和机会,无法支付起教育所需的费用。奴隶制度时期,奴隶主贵族子弟学校的教育内容是礼、乐、射、御、书、数,称为"六艺"。而"六艺"中的"射、御"两艺和"乐"的一部分,都有现代意义上体育教育的内容,当时的贵族子弟们通过学习射箭、驾驭马车和祭祀舞蹈,来实现其自身的社会角色,成为社会上层阶级的一部分。

此外,从我国漫长的军事体育史上看,我国也出现了相应的体育教育内容。封建社会使用的战争武器通常为冷兵器,这对战斗人员的身体素质和动作技能的要求较高,为了能使战士获得战斗需要的技能,就需要在日常的军事训练中着重对他们的身体素质和战斗技能进行有针对性的训练,而体育教育是最直接和有效的方式。例如,我国古代的甲士训练就是其中的典型;为了御寒和保持士兵的战斗力,同时为了打发剩余的空闲时间,满足娱乐的需求,在军队中,常常使用摔跤等运动来训练士兵。汉代的蹴鞠和唐代的马球都曾被作为军事训练的主要内容和手段。

综上所述,我国古代便产生了一定的体育教育思想,丰富了我国体育教育的理论,为我国近现代体育教育的产生提供了发展的思想土壤。

(二)古代欧洲的体育教育

现代社会里的竞技体育运动项目主要起源于欧洲,古代欧洲的城邦教育体系就是以体育教育为主,古代希腊是近现代欧洲体育的源头,古希腊人的思想中似乎对人拥有强健的身体有着特殊的偏爱,进而他们就创造了非常丰富的体育生活。迄今为止,已经在大量的文献中找到了关于古希腊人开展体育竞技活动的描述,进而在文献中发现了很多关于体育活动描述的术语,有的术语一直沿用至今。例如,"Athletics"(竞技)、"Training"(训练)、"Gymnastics"(体操)等。其中"Gymnastics"(体操)一词在古希腊被当作一切健身运动及其方法的总称,因此就连当时以体育锻炼为主要目的的场所也被形象地称为"体操馆"。在"体操馆"中通常设有跑、跳、投掷、拳术、角力等运动场地。在古希腊,"体操"一词近似于现代"体育"。在古希腊的斯巴达教育体系中,体育是一项非常重要的内容,在雅典的教育内容中,"五项竞技"是其中的必修内容。

中世纪的欧洲文明处于黑暗之中,在这一阶段,人们受到封建专制势力和宗教主义势力的影响,竞争不受到保护,人的思想也受到禁锢,那个时期欧洲体育的最大亮点就是,欧洲特有的骑士制度。骑士在中世纪曾是备受崇拜和尊敬的阶层,当时要想把一个普通的人培养成一位骁勇善战的骑士需要借助一些体育手段。骑士要经过非常严苛的身体训练,使之具备"骑士七技",即骑马、游泳、投矛、刺剑、狩猎、弈棋、吟诗等七项技能,这些技能的形成都必须经过体育教育的熏陶,在体育教育的帮助下完成技能的培养和学习。

因此,从东西方体育的产生和传承来看,都需要一定的教育活动来完成。具体来看,西周时期的"六艺"出自当时的贵族子弟教育,目的是培养未来的统治者。而古希腊的城邦教育体系也出现了相对完备的体育技能教育与训练。其不同之处在于,我国西周时期的"六艺"教育只针对贵族子弟,而古希腊城邦教育则面向城邦内的所有男性国民。从两者的教育目的上看,由于受当时社会发展程度的影响,当时的教育用途主要是为了满足战争的需要,教育首先要服从军事和社会安全的需要,体育教育的内容,均与国家的军事有着密切的联系。

因此,体育教育从产生之时起,就具备了一定的历史和时代特征,它就是为了让人们进行学习和从事军事训练。当然不同的地域、不同的历史时代,不同的国家,其体育教育的内容、形式都会有所差异。

二、体育教育的发展

(一)古希腊时期的体育教育

古希腊时期,当时的教育体系分为两个类型,一个是斯巴达教育体系,一个是雅典教育体系。在这样教育体系的基础上形成了最早的体育教育体系,这种体育教育体系分为两个类型,即斯巴达体育教育和雅典体育教育。其中,斯巴达体育教育的全部特征是以追求军事效力为最终目标,从而决定了斯巴达教育中含有相当多的军事体育的内容。但限于这种教育较为明确的军事目的,没有形成完整的教育思想,因此这种体育教育的内容,没能给后人留下一定的理论。雅典是奴隶主国家,它的教育从一开始就与斯巴达是不同的,但两个城邦对于体育教育的思想是有共同点的,其共同点在于体育教育的目的不仅在于强身健体,更是为了训练孩子成为国家的成员。其不同点在于,斯巴达教育是为造就士兵而教育孩子,而雅典教育的目的是把统治阶级的子弟培养成身心和谐发展的能履行公民职责的人,不仅要把他们训练成为身强力壮的军人,更要把他们培养成具有一定文化修养,具备多种才能的政治家和商人。因此,雅典产生了很多著名的教育家,给后人留下了丰富的教育思想,其中包含着一定的体育教育思想。

苏格拉底,是雅典的一名公众教师,他认为强健的身体是做任何事情的基础,每一个公民都应该锻炼自己的身体,磨炼自己的意志,让精神寓于身体当中。柏拉图,是苏格拉底的学生,他在自己的著作《法律篇》中写道,教育分为两部分,一部分是针对身体的体育;另一部分是针对心灵美善的音乐。亚里士多德,是柏拉图的学生,他认为人的青少年时期应该要学习 4 门课程:阅读与书写、体育、音乐、绘画等课程。此外,他还主张实践必须优先于理论,身体的训练必须在智力训练的前面。从这些伟大的希腊教育家的思想中,我们可以看到体育教育在他们的教育思想中占据着极其重要的地位。这些思想的确立为体育教育的发展提供了一定的思想基础。

(二)文艺复兴时期的体育教育

在欧洲漫长的封建社会里,欧洲的基督教会利用宗教把国家的政权神化,他们在思想上宣扬除了心智及肉体之外尚有神所赋予的灵魂,认为只有灵魂是至高无上的东西,而肉体是兽性的、最低级的、最无关紧要的东西。在这种思想观念的影响下,人们必须禁欲、苦行、压制和克服肉体的兽性,显然对于以身体运动为主要活动方式的体育教育是一种极大的阻碍。这种思想实际上是对古希腊体育观的一次彻底否定。

随着社会的进步,封建社会开始解体,新兴资产阶级开始对封建社会进行反抗。文艺复兴运动重新修正了过往的"错误"思想,秉持新思想的思想家们喊着"回到古希腊去"的口号,以求人们能够再度把目光从神转向到人本身上去。与此同时,德国受北欧文艺复兴运动的影响,在马丁·路德的带领下掀起了宗教改革的热潮,否定了罗马天主教会和教皇至高无上的权力,提出在上帝面前人人平等,没有贵贱之别。这两股资产阶级革命思潮推动了体育教育的发展。在此影响下,人们重新认识到体育教育的重要性,并且逐渐恢复和尝试更加新颖的体育教育方法。其中,有一些方法对后世产生了较大的影响。主要包括:

(1)抛弃身体是灵魂监狱的观点。

(2)体育教育理论既注重跑、击剑、骑马等实用性技能,也肯定棒球、地滚球、舞蹈等游戏项目,注重培养孩子优美动作的习惯和从容自然的举止。

（3）恢复并传播古代体育教学经验。

（4）体育和美学的全面发展人的作用重新被得到认可。

（5）认识到利用大自然条件锻炼身体的效果。

（6）承认脑力活动与体力活动的相互联系。

这一时期的体育教育思想，为逐步建立现代体育教育理论奠定了基础。

（三）法国大革命时期的体育教育

法国的资产阶级革命对于欧洲历史来讲是一次划时代的转折。作为在欧洲大陆最具影响力的大国，18世纪资产阶级革命前的法国是一个典型的封建专制国家，其在资本主义革命后，资产阶级成为国家经济生活中一股不可忽视的力量。在资产阶级的领导下，人们发起了"启蒙运动"，在这场轰轰烈烈的运动中出现了一些著名的教育家、思想家。

让·雅克·卢梭是那个时代最杰出的思想家和教育理论家。他提出要对新生的一代施行自然教育，即把人从小置身在大自然中自然的发育成长，就可以逐渐成为一个全面发展，尚武有力，勇敢能干的人。卢梭的身体教育思想主要包括以下3点：

（1）任何社会问题产生的根本原因在于人性恶，而恶首先产生于人的体弱。所以只有通过培养刚强的青年才能改变社会的丑恶。

（2）孩子学会同自然界斗争的本领越多也就越灵巧，因此必须训练青少年的感觉器官。卢梭提出的训练方案是克服各种自然障碍，如爬树、翻越石墙等。同时，他沿用了洛克的劳动教育思想，采用各种手工劳动训练孩子。

（3）提出智育和体育相结合的方案，认为教育的最大秘密在于身体活动和精神活动彼此都互为休息手段。

卢梭的教育思想深受人文主义教育家的赞赏，在德国等地开办了以卢梭思想为指导的泛爱学校，如贝纳特·巴塞多在德绍的一位公爵资助下办了一所泛爱学校,在推广泛爱主义教育中,古茨穆斯的影响最大。他制定了泛爱教育中身体教育的体系,主要包括3种身体活动:

(1)利用户外游戏发展儿童的个性和意志品质(如培养灵巧和谨慎的作风,增强注意力、记忆力,培养想象力等)。

(2)利用各种手工劳动增强手部技巧和能力。

(3)对身体本身的练习,即利用跑、跳、投、摔跤、平衡、举重等练习方法增加力量和耐力,培养能够借以解决生活中出现的问题的能力和品质。

此外,裴斯泰洛齐首次提出了通过多样化的体育手段促进青少年的全面发展,他认为不能单单通过舞蹈、击剑和骑术来培养,这些只是技术的传授,而应该应用多方面的体育活动和手段来促进青少年的全面发展。

这一时期的体育教育思想逐步走向完善,为形成现代的体育教育理论打下了坚实的基础。

(四)近代体育教育的发展

随着社会的不断发展,到了近代时期,体育教育在个人全面发展教育中的地位越来越受到重视,并逐渐形成了不同类别的体育教育观,主要包括以下几类。

1. 自然主义体育教育观

自然主义体育思想主要是受人本主义教育思想的影响,认为体育教育应该以"自然体育"为中心,按照自然手段对儿童进行自然体育教育的方式方法。应该将儿童置身于大自然中发展,大自然完全可以承担起教育的职责和使命。上述自然体育观,充分肯定了体育在人生过程中的重要意义和作用,并提出了一套自然主义的体育方法,注意到兴趣和需要在体育教育中的作用。但由于对体育本质和目的认识的浅显,在实际的体育教育实践中,不可避免地会导致体育教学中"放任自流"现象的出现,因为这种"顺应自然"的思想在一定程度上否定了体育教育是一种有目的、有计划的身体教育的本质,在一定程度上会引导人们产生对体育科学性和教育性的误解。

2. 体质为主的体育教育观

体质为主的体育教育的观点认为:体育教育的目的是增强学生的体质,促进学生在身体形态、身体机能等体质方面的要素的发展,从而增进学生的健康。这种体育教育的展开是强调紧扣强身健体这一主题,增强体质,完善人的身体是体育教育的本质,也是它与智育、德育、美育的最大区别。这种体育教育观,在一定程度上是进步的,但其强调的教学目标过于狭窄和单一,过分强调了体育教育的生物属性和身体发展性,忽视了体育教育对人其他方面,如个性、品德、人格的培养价值,脱离了一定的教育性,单纯追求了体能的发展和体质水平的提高。这种体育教育观存在一定的片面性,必须进行补充和修正。

3. 竞技为主的体育教育观

随着竞技运动项目的飞速发展,职业体育的蓬勃发展,以及奥林匹克运动的迅速崛起,体育运动在政治、经济、文化、旅游等各方面的价值越来越明显,体育受到世界上各个国家的重视,主要体现在竞技运动方面。因此,很多国家出现了对体育教育的片面认识,认为体育教育就是培养竞技运动的人才,体育教育应该为竞技运动的发展而服务,没有认识到体育教育的本质是对人的全面发展作出贡献,因此,这种体育教育观过分强调了体育的工具性价值,否定了体育教育的根本属性。

4. 快乐主义体育教育观

快乐主义体育教育观认为参与体育是为了消除人的身心紧张和疲惫,促使人们自发、自主和快乐地参与体育锻炼是体育教育的最终目的。这种体育教育观在一定程度上反映了体育教育的一部分属性,但是忽略了体育教育的根本属性是通过让参与者进行一定强度的身体负荷训练,达到增强体质的目的,而这个过程肯定是艰辛的,不可能是完全快乐的,否则就不会取得应有的效果。

（五）现代体育教育的发展趋势

1."健康第一"的体育教育思想

健康,是当今时代的主题,也是我国目前提倡的生活理念。接受一定的健康教育,对每一个人的成长和全面发展至关重要。健康教育和学校健康教育的概念是美国教育家霍列斯曼在 1800年率先提出来的。世界联合国教科文组织发表的《综合学校健康教育:行动指南》中指出:接受健康教育是每位儿童青年的基本权力,要提高他们的健康价值观和实践能力,推动全世界人民的健康水平。

因此,为了适应时代的发展,未来体育教育应该以体育教学为渠道,对学生开展体育卫生保健教育,以此达到增强学生体质、促进身心健康发展和培养德、智、体、美全面发展的全面型人才的目标。其中,健康教育和体育教育是紧密相连的,且能够相互促进。鉴于此,未来体育教育的发展趋势必然要突出"健康第一"的理念,注重体育与健康教育的结合,使学生懂得健康的意义,学会保健的方法,形成对体育的兴趣爱好。我国最新版的体育与健康课程标准中,也树立了"健康第一"的指导思想,强调了体育教育与健康结合的必要性,促进学生健康成长是体育课程的最终目标。

2. 以素质教育为主线的体育教育

现代教育已经逐渐发展成为真正的素质教育阶段,素质教育注重个体在各方面的发展,体育教育是素质教育的一个重要手段。其本质内涵在于学生参加体育锻炼,参与体育比赛,提高自身身体素质、心理素质、社会适应能力以及人格等方面的综合素质。在实行素质教育的过程中,身心健康素质是学生发展其他素质的重要基础。通过让受教育者参与一定的体育教育,可以使受教育者具有健美的体态、良好的体质、充满生机与活力的体能,并养成稳定的心态和优良的体育锻炼生活习惯。使受教育者身体结构各个部分、各个系统都获得和谐统一的发展,增强对外界环境的适应能力和运动能力,能够适应紧张的学习工作节奏以及复杂形势的各种挑战。因此,体育教育应该以素质教育为主线,不断提高自己的教育品质,丰富自己的教育内容,为培养全面发展的人做出贡献。

3. 创新性和快乐性为特征的体育教育

现代教育越来越注重对个体创新性的培养,创新是一个民族发展的动力源泉,有没有创造性思维也是衡量一个人综合素质的重要指标。因此在素质教育发展的今天,任何教育都离不开对创新性的培养,体育教育也不例外。因此,体育教育者们应该在日常的体育活动中,注重培养学生们的创造意识、能力和精神,通过一些体育项目中的技战术来训练学生的创造性思维,在体育教学中,让学生自己创造性地做出一些动作,如让学生自己创编徒手操,自己布置场上的战术等,不断提高学生的创造意识和创造能力。

随着体育教育的不断发展,人们不断探索体育教育的形式。其中,日本出现了快乐式的体育教育,当这种体育教育形式传入我国后,即刻在我国体育教育界和广大体育教师中产生了巨大影响。这种快乐式体育教育很好地解决了体育教学中最大的"敌人"——厌学。快乐式体育教育具有一定的意义和内涵,这主要体现在以下三点:

(1)快乐体育激发了学生参与体育活动的兴趣,调动了学生锻炼身体的积极性。

(2)快乐体育面向全体学生,全面提高每一个学生的身心健康。

(3)快乐体育让学生享受体育的快乐。通过参与体育运动,体验成功和进步的喜悦,从而在一定程度上增强了学生的自信心。

从以上分析来看,现代体育教育越来越重视创新性在体育活动中的培养,而快乐性也日渐成为体育教育中的一个重要特征,这两个特征将会不断促进体育教育的发展和完善。

4.以终身体育为目的的体育教育

"终身体育"的思想是 1965 年由法国成人教育家保罗·朗格朗提出的。苏联学者提出"终身体育"就是培养与发展学生从事体育活动的能力和学习的主导能力,让学生在学习时代学会"一技之长",养成与掌握终身进行体育锻炼的习惯和方法,使之终身受益。这种思想的确立,极大地丰富了体育教育的思想,促进了体育教育的发展。

终身体育的含义包括两个方面的内容:一是指人从生命开始至生命结束中学习与参加身体锻炼,使终身有明确的目的性,使体育成为人在一生中始终不可缺少的重要内容;二是在终身体育思想的指导下,以体育的体系化、整体化为目标,为人在不同时期、不同生活领域中提供参加体育活动机会的实践过程。终身体育倡导人们不仅在学生阶段参与体育运动,更应该在人生的每个阶段都参与运动,也许每个阶段参与的运动项目不同,但都是为了促进身心健康的全面发展。因此,体育教育过程应该以培养人终身参与体育为目标,帮助其形成运动技能的同时,促进其形成运动健身的意识,激发其参与运动的永久兴趣,让受教育者们充分认识到终身参与体育的意义和作用,这应该是体育教育的最终目的。

第二节　体育教育的概念界定

一、体育的概念界定

关于体育概念的论述,我国的专家和学者们进行了大量的分析和研究,关于其定义有很多种,取得较多共识的定义是:体育是以身体运动为基本手段,以促进身心健康发展为目的的文化活动。从定义上看,体育是一种增进人们健康,提高人的生活质量的文化活动。它可以促进人的身体健康,还可以丰富人的精神生活,并且是一种文化活动。

二、教育的概念界定

教育的概念为,教育是培养人的社会活动,是传承社会文化,传递生产经验和社会生活经验的基本途径。培养人的活动是教育本质的规定性。教育广义,凡是增进人们知识和技能,影响人们思想观念活动缺失,都具有教育作用。狭义,影响人身心发展为直接目标的社会活动,主要指学校教育,即由专门教育机构和专职人员根据一定的社会要求,有目的,有计划,有组织的通过学校教育工作,对受教育者的身心施加影响,促使他们朝着有期望方向变化的活动。从教育的概念上看,教育活动包含的内容非常广泛,它承担着传授人类知识和经验的职能,是一种非常重要的人类活动。

三、体育教育的概念界定

体育教育是教育的组成部分,是通过身体活动和其他一些辅助性手段进行的有目的、有计划、有组织的教育过程。早在20世纪30年代就开始使用了"体育教育"一词,这一词语后来在一些相关场合和学术研究中也曾继续使用,不过一直未获得广泛的认可。究其原因,是因为当时的人们对体育及其教育的认识普遍不足。在相当长的一段时间内,"体育"与"体育教育"都是混用的,虽然在20世纪50年代我国体育理论界有过"体育名词概念"的讨论,然而这些讨论也没有给"体育教育"一个确切的定义。直到20世纪80年代末,国家教委颁布的法规性文件中正式出现了"体育教育"一词。从"体育教育"一词的出现至今,人们对体育教育的认识进入到了成熟阶段。关于体育教育概念研究的学术成果主要汇总如下。

（1）体育教育就是传授体育知识、体育技能的教育。

（2）体育教育是接受军事教育的一种活动。

（3）体育教育是一种身体教育，以发展身体，增强体质为主要任务的教育。

（4）体育教育是通过身体活动，增强体质、传授锻炼身体的知识、技能、技术，培养道德和意志品质的，有目的，有计划的教育过程，是教育的组成部分，是培养全面发展的人的重要方面。

（5）体育教育是对学生进行身体教育，并指导学生增强体质，掌握体育知识和技术技能，培养思想品德的活动。它的内涵是促进学生身体全面健康发展的一种有目的、有计划、有组织的体育活动。

（6）体育教育是指在人类社会发展过程中，根据生产和生活的需要，遵循人体的生长发育规律，以身体练习为基本手段，以增强体质，促进人的身心全面发展，提高运动技术水平和基本活动能力，丰富社会文化生活，加强精神文明建设而进行的一种有意识、有目的的身体活动和社会活动。

从上述的关于体育教育的概念的研究可以看出，体育教育是具有教育属性和社会属性的一种活动，它不仅承担着教会人们体育技能，增进人们健康的功能，还丰富着人们的精神文化生活，是一种特有的社会现象。

第三节　体育教育的本质、结构与功能

一、体育教育的本质

本质，是指事物本身所固有的根本的属性。从根本上讲，体育教育的性质是由体育的性质决定的，体育的本质属性是"增强

体质、增进健康",而身心健康是人全面发展的重要内容,体育在促进人的全面发展中起着非常重要的作用。其次,我们来对组成体育教育的教育部分来做一个详细的认识,广义的教育泛指一切有目地影响人的身心发展的社会实践活动。狭义的教育是指专门组织的教育,即学校教育,它不仅包括全日制的学校教育,而且也包括非全日制的学校教育、函授教育、成人教育等,它是根据一定社会的现实和未来的需要,遵循年轻一代身心发展的规律,有目的、有计划、有组织、系统地引导受教育者获得知识技能,陶冶思想品德、发展智力和体力的一种活动,以便把受教育者培养成为适应一定社会(或一定阶级)的需要并促进社会发展的人。下面就主要探讨一下体育教育的本质。

（一）体育教育促进人全面发展的特性

根据马克思主义教育观的原理,体育是全面发展教育的重要组成部分。马克思历史观认为:"人们的社会历史始终是他们个体发展的历史,而不管他们是否意识到这一点。"人的全面发展不仅指身体全面发展,而且指"身心并完"。从马克思主义的教育观可以看出,体育教育是全面发展人的教育中的一部分。

体育教育是以学生身体活动(运动)为根本特征,区别于学校中的德育过程和智育过程,它主要以身体教育或透过身体教育的角度来实现马克思历史观念中的人的全面发展。

（二）体育教育的教育性、发展性相统一的特性

体育教育是一个培养人和教育人的过程,它以其独特的形式——身体活动来达到全面培养发展人的目的。体育教育在全面发展教育中的地位和作用,必须从实现育人的目的出发,全面理解。教育的育人目的是通过德、智、体、美几个不同的教育形态来实现的,是一项育人系统工程,各个子系统在自己特定的文化形态施教于教育对象时均以育人为出发点和目的。从全面发展的观念出发,教育包括德、智、体、美几个方面。全面发展不等于

育德＋育智＋育体＋育美,但如果各自以自己一方面为目的,那么尽管有全面发展的教育方针,也不能培养出全面发展的人。因此,各种教育(包括体育在内)必须作为进行四育的过程,这样的过程才能称之为教育过程。就是说,教育寄托于体育教育不光是增强体质,而是通过体育实施全面发展教育,体育教育本身也具备这种条件。因为体育教育的对象是人,按照马克思主义的观点,人是有两重性的,既是有机体的人,又是社会存在物。围绕运动进行的体育教育会产生多种"运动效益",学生们在学习一项运动技术时,既有教育作用,也有文化传递作用,还会产生发展智能效益,在进行运动练习时,会产生和获得发展身体、愉悦心情、促进个体社会化、提高自我意识等多种效益。在整个教育过程中,通过身体活动(运动)这个媒介,使学生获得身体发展、心理发展、社会发展,获得知识技能技巧以及培养良好道德意志品质诸方面的效益。这就是体育教育所具有的教育性和发展性,它们之间的关系是辩证统一的,相互制约,不可分割的。

（三）体育教育的社会制约性和服务性

从体育教育的产生与发展过程来看,可以明显地看出体育教育受一定社会的政治经济的影响和制约,并为一定社会的政治经济服务。例如,古希腊斯巴达教育制度中偏重于军事和体育训练,他们所追求的目的是:"绝对服从,承受艰难困苦,打仗和征服别人"。因而斯巴达人要接受严格、残忍的军事训练,并通过全面、多样的"五项竞技"(角力、赛跑、跳远、掷铁饼、掷标枪)等体育教育,来培养青少年一代的尚武精神,从而为战争服务。从文艺复兴之后,欧洲进入到了资产阶级社会,而资产阶级的教育,是把体育教育视为资产阶级侵略扩张和掠夺战争服务的工具。例如,在教育家洛克的"小绅士"教育中,提出要求儿童饮食要清淡、睡眠要充足,早睡早起;多做户外活动,洗冷水浴,会游泳;要忍苦耐劳,能适应各种气候的变化,要禁酒和禁用烈性饮料。洛克认为一个绅士的体格应锻炼成为必要时能拿起武器去当兵。

现代体育教育更是引起世界各国的重视，近些年来，很多国家都修改和补充了体育教学大纲，加强与改革体育教育，提高体育教育的地位，加强体育师资队伍的建设，投入一定的物力和财力，促进体育教育事业的发展。例如，日本临时教育审议会，于1985年6月曾向中曾根首相提交了总理府第24总会关于教育改革的报告，日本学校体育界依据该报告精神，向政府指出了学校体育教学改革的基本思想和措施，提出以尊重和发展个性为目标，促使学生德智体和谐发展，向生涯体育方向发展的建议。苏联于1984年对学校体育教育提出了新要求，并进行了一系列的改革，从1985年开始制定和颁布了新的体育综合教学大纲，并采取了一些相应的措施。他们认为，在成长的一代人中，进一步发展体育运动是一项迫切的任务。进而指出："通过科学的调查和分析，证实了只有通过身体练习，运动和旅行的系统锻炼，才能以最有效的因素抵制科技革命对体育运动所造成的不良后果，并以最好的方法增进人的健康，培养人们担负起高度生产劳动和保卫祖国的职责"。我们国家也非常重视体育教育，特别是近20年来，国家出台了一系列的政策文件来加强青少年的体育教育工作，1999年，中共中央、国务院颁布了《关于深化教育改革、全面推进素质教育的决定》，明确指出了实施素质教育不仅要抓好智育，还要加强体育，促进学生的全面发展和健康成长。切实加强学校体育工作，使学生养成体育锻炼的习惯。2007年，中共中央、国务院颁布了《关于加强青少年体育增强青少年体质的意见》。2011年，教育部颁布了新版的《体育与健康课程标准》，教育部、发展改革委、财政部、体育总局于2012年联合出台了《关于进一步加强学校体育工作的若干意见》，2016年，国务院办公厅颁发了《关于强化学校体育促进学生身心健康全面发展的意见》国办发〔2016〕27号文件，文件指出要不断改革创新体制机制，全面提升体育教育质量，健全学生人格品质，切实发挥体育在培育和践行社会主义核心价值观、推进素质教育中的综合作用。从以上我国近20年来，不断出台的加强学校体育的政策文件来看，体育教育已经深受我国政府和社会的关注和支持,体育教育事业在我国迎来了发展的最佳良机。

综上所述,社会经济的发展,会在一定程度上制约体育教育的发展,但是良好的社会经济发展,会为体育教育的发展提供良好的土壤,促进其健康发展。而体育教育事业的不断推进,也会为社会培养一批德智体美全面发展的人才,从而为社会的经济发展提供最好的服务,因此,两者是相辅相成的,不可或缺的。

(四)体育教育研究的多维体育观和方法论

随着现代社会的快速发展,人与人之间的竞争越来越激烈。因此,在学校教育中,必须加强体育教育的质量。通过体育教育的方式,培养身体强健,意志力顽强,能适应现代社会竞争的,具有综合素质的现代人才。因此,体育教育就必须承担起这份责任,而且体育教育也是非常有效的一个手段。那么就要求我们必须从多方面,并且用多种方法去研究体育教育,从而提供一定的理论支撑。

体育教育的本质,应该从生物学、社会学、心理学、人体科学等多维的角度去探究,其本质的理论应该是全面的、系统的、多维的、立体的。现代体育教育的发展,已经充分显示出它的多种功能。人们认识和研究体育教育已经从单一的体育教育观转向多维的体育观,从社会学、心理学、生物学、人体科学等多个学科层面,去多方位、多层次地研究体育教育的本质。随着社会的进步和不断发展,还需要不断更新观念,不断提高研究的方法技能,并从多角度去分析和研究体育教育,这样才能使体育教育不断适应社会发展的需求,并促进体育教育的改革与发展。

二、体育教育的结构

体育教育是通过体育手段和方法,为了实现一定的体育教学目标,有组织、有计划地向受教育者传授体育知识、运动技能和卫生保健知识,并使受教育者接受体育行为和体育道德的教学活动过程。

（一）体育教育结构的基本要素

体育教育的结构可以通过体育教育过程的基本要素来体现。体育教育过程的基本要素包括:体育施教者、体育受教者、体育教材和媒介。

1. 体育施教者

体育施教者是体育教学的指导者和组织者,在体育教育过程中起着主导作用。体育施教者不仅包括体育教师、体育教练员等专职工作者,还包括社会体育指导员、健身教练等社会人士,他们都是体育教育的施教者。他们通过认真备课,合理利用一定的体育手段和方法,通过体育媒介、自身的运动动作及语言来指导受教者们进行运动技能的学习。体育施教者是体育教育过程的主导要素,往往会对体育教育的成效产生重要的影响和作用。因此,应充分发挥施教者的导向与组织作用,从而保障体育教育能够沿着正确的轨道进行。

2. 体育受教者

体育受教者既是体育教育的对象,又是体育教育学习的主体,因此,应该积极发挥他们的能动性,促进他们积极参加体育教育。受教者和施教者应该相互配合,默契协作,共同完成整体的体育教育过程。

3. 体育教材和媒介

体育教材,是施教者授课的内容,是体育学习者知识的源泉。施教者应该根据教材的大纲、内容和目标来设计体育教育的教学过程。而体育教育过程,需要借助一定的媒介才能完成,是体育教育不可分割的一部分,这种媒介除了一定的体育手段和方法,还包括施教者自身的人格、情感、意志等。

综上所述,体育教育过程的三个要素是紧密结合在一起,互相融为一体的。而且体育教育过程并不是三者的简单组合,还必须通过施教者和受教者的互动,使各要素之间进行有机地动态结合,他们构成了统一的整体活动,促进体育教育过程的顺利进行。

（二）体育教育结构的基本规律

1. 体育技能的习得规律

体育技能的学习是从不会到会,从不熟练到熟练的一个过程,是人体动作技能形成和提高的过程。其主要包括三个阶段:(1)大致粗略地掌握动作技能阶段(2)不断改进和提高动作技能阶段(3)动作的整合定型阶段。通过这三个阶段的学习,体育技能基本形成。

2. 运动负荷的变化规律

体育教育过程中,必须注意运动中的生理负荷,既要合理地运用人体的生理负荷,也要注意合理地控制生理负荷,遵循人体运动规律,才能更好地学习体育技能。

3. 提高运动认知能力的规律

要注意帮助学生学会协调和控制自己的身体,熟练操作体育器材,培养学生的空间和距离感知能力,提高学生的运动认知能力。

4. 集体性学习的规律

在体育教育过程中,要注意通过一些集体项目,如足球、篮球、棒球等,培养学生的团队精神和凝聚力,让学生在比赛中感受集体性的教育,学会集体性行为,认同这个集体,此外,每场国家队比赛前的唱国歌仪式总能唤醒人们的集体意识,奥运会上的奏国歌仪式也能唤醒人们的集体和国家荣誉感。因此,通过体育教育过程,可以帮助人形成一定的集体性。

（三）高等体育教育结构的一般特征

1. 整体性

高等体育教育结构是一套复杂的系统结构,其中,离不开教育部大学生体育协会、国家体育总局、各省教育厅和体育局的督促和指导,也离不开各高校的配合和执行,更离不开大学体育教师和大学生的积极参与。总之,高等体育教育的结构是一个完整的系统,需要各个成员之间密切配合,共同执行,才能完成高等体育教育的任务,为培养全面发展的高等教育人才做出应有的贡献。

2. 开放性

高等体育教育结构具有一定的开放性,这里的开放性是指,高等体育教育需要不断地从外界补充自身运行所需要的人员、信息、资源、能量等,也需要将自身在运行过程中产生的多余资源,废旧信息排除在外,不断完善和更新自己的运行机制和系统,从而顺利运行和发展。

3. 稳定性

首先,一个系统要想正常运行,必须具备一定的稳定性。系统的稳定性是指在外界环境影响下,系统具有一定的自我稳定能力,能够在一定范围内自我调节,从而保持和恢复原来的有序状态或达到新的有序状态。从高等体育教育结构的构成要素来看,教育部、学校主管部门、学校体育部或体育院系、大学体育教师、大学生、大学体育场馆等共同构成了高等体育教育结构系统中相对稳定地存在的要素。教育部通过制定一些政策文件来要求各个大学的体育教育内容,如制定国家体质健康标准,各个大学通过要求体育教师来教导学生参与体育活动,大学生必须通过积极的锻炼和运动,才能达到体质健康的标准,因此,这个系统是相互联系的,具有一定的稳定性,保障了体育教育活动的顺利进行。

三、体育教育的功能

(一)体育教育的本质功能

根据体育教育的本质特征,体育教育的本质功能包括健身功能、健心功能、教育功能。

1. 体育教育的健身功能

(1)提高人体心血管系统的机能

①参加体育运动,可以使心肌细胞内的蛋白质合成增加,心肌纤维变粗,从而使心肌收缩力量增强,进而使心脏的每搏输出量增加,心脏的供血能力就会增强。

②参加体育运动,可以增加血管壁的弹性,从而预防或缓解因血管壁退化引起的疾病,如退行性高血压等。

③参加体育运动,可以加大人体毛细血管的开放程度,从而加快血液与组织液的交换,提高机体新陈代谢的水平。

④参加体育运动,可以显著降低血液中的血脂含量(胆固醇、蛋白质、三酰甘油等),从而有效地预防冠心病,高血压和动脉粥样硬化等疾病。

⑤经常参加体育运动,还可以使人在安静时的脉搏和血压降低。

(2)增强人体呼吸系统的机能

①经常参加体育运动,特别是做一些有氧耐力运动,如长跑、

游泳等运动项目,可以使呼吸肌的力量增加,促进肺组织的生长发育和肺的扩张,从而使肺活量增加。此外,经常性地进行深呼吸运动,也可以提高人的肺活量。

②参加体育运动后,由于增大了呼吸肌的力量,从而使呼吸深度增加,提高了肺的通气效率,从而提高氧从肺进入血液的能力。

（3）促进人体骨骼和肌肉的生长发育

人从出生到成人,是一个不断生长和发育的过程,而人的生长和发育主要体现在骨骼和肌肉的生长和发育方面。通过参加体育活动,可以促进骨骼和肌肉的生长发育。人身高的不断增长,主要是因为人长骨的骺软骨的不断增生,直到其骨化的完成,身高将不会增长。在少年儿童时期,通过让青少年接受一定的体育教育,参加一些体育运动,特别是一些跳跃类、牵拉类的运动可以刺激骨骼中骺软骨的增生和分裂,从而促进青少年身高的增长。此外,参加体育运动还可以使人的骨骼变粗、骨密度增厚,并且可以增加骨骼的抗压和抗弯折能力。相关医学研究表明,经常参加体育运动,可以增加人体内氧化酶的浓度和线粒体的数量,从而提高人体肌肉的有氧代谢水平,提高肌肉的能量利用能力,从而更好地为机体供能。总之,青少年通过参加体育运动,可以促进骨骼和肌肉的生长发育,从而健康地成长。成年人通过参与体育运动,可以保持骨骼的硬度和韧度,保持肌肉的力量和柔韧,从而健康地生活。

2. 体育教育的健心功能

这里所说的健心功能主要指的是,通过参与体育运动,可以调节人的心理状态,促进人保持心理健康。

现代社会极大地丰富了人们的物质生活,但是精神生活却不能很好地得到满足,快节奏的生活,高压力的竞争,使生活在城市中的人们在精神上和心理上出现了一定的问题,出现了诸如抑郁、焦虑、感情淡漠等心理症状。而在青少年群体中,如恋爱受挫、考试升学的压力、大学生就业的压力等都给他们带来了不同的心理问题。而心理健康对人的整体健康具有重要的意义。

通过参加体育运动，能够调节人的心理状态，促进人的心理健康。主要体现在以下方面：参加体育运动，可以刺激人体产生一定的内啡肽，而内啡肽具有调节体温、心血管和呼吸的功能，调节人不良的情绪、振奋精神、缓解抑郁，使人的身心能够保持轻松愉悦的状态。此外，通过参加体育活动，可以增加人与人之间的情感交流，特别是一些集体的运动，可以培养人的团结协作精神，化解人的孤独感和抑郁感。通过参加体育活动还可以让人获得自信，比如在比赛场上的制胜一击，球场上的关键角色的扮演等，都可以让人对自己进行一个重新的认识，在现实生活中的失败，或许可以在赛场上获得认可，从而增加自己对生活的信心。总之，参与体育运动是一项非常好的调节人心理的活动，可以促进人的心理健康。

3. 体育教育的教育功能

作为一种教育活动，体育教育对人的教育功能是其本质功能之一，主要体现在以下几个方面：

（1）教会人基本的生活能力

人从生下来以后，缺乏生存需要的基本能力，如走、跑、跳等，这些都需要后天加以学习和训练，而体育教育是最好的途径。体育教师从小就教我们站立、走路、跑步的正确姿势，为我们日后生活打下了坚实的基础，这是人最初始的需求，从这个角度来讲，体育教育不可或缺。

（2）传递体育知识和文化

体育，是人类生产生活中，不断形成的文化活动，是一项宝贵的文化遗产，因此，必须通过一定的活动来传递这种文化。体育教育，就是承担这个职责的最好助手。通过体育教育，人们可以学习体育知识，掌握锻炼身体的办法，并且可以让人认识到体育对人的健康的价值,促进人们形成一定的体育意识,养成体育运动的习惯,从而形成健康的生活方式。通过引导青少年参加体育比赛,观看体育比赛,对体育规则和文化有进一步的认识和了解,从而起到传递体育文化的作用。

（3）促进人的社会化

每一个人,都不仅仅是一个自然人,更是一个社会人,具有很强的社会性。人从出生开始,只有生物属性,后来在家庭教育、学校教育、社会教育的共同作用下,人的生物属性逐渐被社会属性所取代,逐渐完成个人的社会化。每个人只有完成社会化,才能不断适应社会的需要,如果一个人不能充分地、完善地完成社会化,那么他就可能会对社会产生一定的危害,因此必须努力促进人的社会化。

很多学者都提出了通过体育教育、体育运动来促进人的社会化。这是因为,人在参加体育运动或者体育比赛时,都需要遵守项目的规则和要求。而遵守规则放到社会领域便是遵守法律法规,遵守纪律等。体育比赛中强调的公平公正,如果延伸到生活中,就是追求社会的平等和公正。在参与体育比赛的过程中,需要跟不同的人交往,例如队友、裁判、观众等,这些都可以帮助人适应社会中的角色,通过参与和体验,不断修正自己的行为。体育教育是一项非常好的促进人社会化的活动。

（4）进行爱国主义的教育

在体育教育的活动中,通过体育比赛等活动,可以激发人们的爱国热情,是一项非常好的进行爱国主义教育的手段。传统的爱国主义教育是通过思想政治教育来进行的,这样的教育方式往往不能取得很好的结果。我们时常能在奥运会、世界杯等世界性大赛的舞台上看到运动员在取得胜利后披着国旗绕场一周的画面,这些都能很好地给观看比赛的青少年极大的爱国热情传递,进行良好的爱国主义教育。国际比赛前的奏国歌仪式,总能激发人们爱国的热情,让人接受一次爱国主义的洗礼。中国足球,是每个中国人常谈论的话题,虽然成绩不好,但是每次比赛时,总能吸引很多国人的关注,这正是爱国的体现,因为中国队代表的是我们中国,必须无条件支持。因此,通过各种形式的体育活动和比赛,是最好的爱国主义教育。

（二）体育教育的延伸功能

体育教育除了本质功能以外,还有一些延伸功能,其延伸功能主要包括:娱乐功能、经济功能。

1. 娱乐功能

在进行体育教育的过程中,可以感受到体育活动与娱乐的天然联系。体育运动中,本身就包含着娱乐的元素。体育教育过程中,为学生安排的体育游戏,里面就含有娱乐的成分。现代的体育教育,已经不单单是传统意义上的体育课了。人们在闲暇时间参加一定的体育教育活动,如参加体育培训班,接受健身指导等,都可以缓解人紧张的情绪,让人产生快乐的情绪,从而起到娱乐人的功能。

2. 经济功能

体育教育的经济功能主要体现在几个方面,一是,通过让人学会体育技能,参加体育运动,促进人的身心健康,从而可以为国家和社会健康工作,就像那句口号"每天锻炼 1 小时,健康工作 50 年"。一个人只有拥有健康的体魄,才能为社会创造出价值,创造出经济效益和社会效益。这是体育教育经济功能的间接体现。二是,现代社会已经拥有了很多的体育教育培训机构,通过培养青少年的体育技能来产生经济效益,这是体育教育的经济功能之一。三是,通过体育教育可以培养一批竞技运动员,而优秀的竞技运动员可以成为体育明星。体育明星具有很强的吸金能力,如一些足球运动员的代言收入可以达到几千万美元,这是他们产生的经济效益,也是体育教育产生的经济效果。

第四节　当前体育教育的热点问题

目前,在我国体育教育领域,有很多值得研究的热点问题,本节讨论的是当前我国高校体育教育中需要研究的热点问题。主要包括以下几个方面。

一、大学生体质健康下降的问题

近些年来,社会上对大学生体质健康的问题越来越关注,主要是因为我国大学生体质不断下降,虽然国家采取了一系列的措施来扭转这种局面,但情况还是不容乐观,因此,高等学校的体育教育必须成为扭转这种被动局面的助推器。通过了解大学生体质健康的现状,分析影响大学生体质健康的因素等问题,根据分析的结果,调整大学体育教育的结构。从研究的结果来看,影响大学生体质健康的因素有很多,其中高校体育教育过程中存在的问题包括:

（一）高校体育教学目标的单一化

日前我国高校体育虽然进行了改革,但普遍存在着盲目追求体育教育目标的近期效益,过分强调学生的现实锻炼,片面地将教育目标与增强学生体质集中在一、二年级学生上,缺乏对学生从事体育活动的兴趣、爱好、意识、习惯及独立进行自觉锻炼从而提高体质健康方面的培养等问题。

（二）高校体育教学过程的技术化

在一些高校体育教学过程中,过高的技术要求削弱了学生参与体育教学的热情和欲望,而大部分学生由于偏重于文化学习造成他们运动能力的不足,不切实际的过高技术要求,必然会使他们产生畏难心理,失去积极参与体育学习的热情和欲望。

（三）高校体育教学组织的机械化

现在有的大学,在体育教学中,仍然沿袭着以"课堂为主、书本知识为主、教师主导作用为主"的"三为主"教学方式,教学形式多数是"命令式、模仿式、检查式"的"三式"教学过程,给学生独立学习的机会仍然较少,过分强调服从命令、听从指挥、遵守纪律,与体育活动所具有的特征相悖。

（四）可选的体育运动项目偏少

在高校的体育教育过程中,有必修和选修两类形式的体育课,其中,在选修课的教学中,由于某些运动项目选择的学生人数过多,致使教师与学生比例不均衡,加之受场地限制,部分学生选择不到自己喜欢的项目,学习效果必然受到影响。这是大学体育教育必须加强的一个环节,高校应该尽可能地开设不同的运动项目,为满足大学生的多元化体育需求而服务。

（五）在体育教育中只重视技术教学

目前的大学体育教育中,存在只重视体育技术的教学,而忽略了对大学生的体质健康教育,忽视了对学生进行终身体育的教育。大学生在校期间,一、二年级体育课成绩及格才能拿到学分,准予毕业。在此要求下,大学生较重视体育课及课外体育锻炼,上体育课和参加课外体育锻炼的积极性高,身体素质提高较为明显。但到了三、四年级,体育课只是选修课（部分高校甚至在此阶段根本不开设体育选修课）,于是体育锻炼明显地成为学生的个人行为,由于缺乏管理及约束机制,体育锻炼更显得微不足道,使得许多学生渐渐放弃了自觉锻炼,进而造成体质健康状况下降。高校应该积极构建立体化的体育教学体系,只有做到课内与课外的有机结合,才能更好地实现体育教育的目标。

（六）大学体育场地的匮乏

高校体育场地器材的缺乏，也是造成大学生体质下降的一个重要因素。随着中国高等教育大众化进程的加快，越来越多的学生敲开了"象牙塔"的进门砖。正因为此，也造成了高校教学资源的匮乏。虽说国家这些年来在不断提升高等教育经费的总额，但远不能满足高校发展的需求。并且高校这些有限的经费投入，首先用于满足学生的住宿、重点学科教学科研等方面的建设，对于高校体育教学所需场地、器材的经费投入少之又少。特别是在一些中西部高校，由于经费紧张，学校会把钱用在其他地方，而不是大学体育场地的建设。在缺乏必要的体育场地设施进行体育锻炼的情况下，大学生自然也就没了参与体育锻炼的欲望，体质也就随之下降。

二、高校体育教育思想的研究

伴随着我国体育教育的改革和发展，我国高校的体育教育思想也随之不断变化。从最初的"自然体育"的体育教育思想，到现在的"全脑"的体育教育思想，高校体育教育思想发生了一定的演进，并在不断走向完善和成熟。学者们近些年来，还进行了对体育教育思想历史回顾的研究，主要是对近代以来的体育教育思想进行了回顾，对这样思想变化出现的原因进行了探索。此外，还有很多关于各个教育家的体育教育思想的比较研究，如杜威与陶行知的体育教育思想研究，夸美纽斯的体育教育思想研究，蔡元培的体育教育思想研究，吴蕴瑞的体育教育思想及其历史贡献等，还包括通过研究卢梭的健康教育思想对我国体育教育的启示等，这些研究成果都极大地丰富了体育教育的思想内涵，也为高校体育教育思想的研究提供了一定的理论基础，为高校体育教育事业的发展提供了思想上的指导。

三、高校体育教育体制改革的研究

当前我国的社会改革已经进入了各个领域,体育改革也进入了深水区。2017年,为了加强对体育改革的研究、统筹、实施,国家体育总局成立了全面深化改革领导小组(简称"改革领导小组")及改革领导小组办公室(简称"改革办"),将全面围绕体育改革发展中的突出问题,渐次、深入推进四梁八柱性质的改革,确保各项改革取得实效,用改革带动和推动各项体育工作的开展。而高校体育教育在我国的体育事业中,占据着一定的地位,关于这方面的改革问题应该被列入到研究当中。目前关于高校体育教育体制改革的问题主要包括以下方面。

(一)高校体育教育发展战略的研究

战略,是对事物发展全局的考虑和规划,是事物发展的根本指导。目前,我国的高校体育教育已经出现一些稳步发展的态势,但是由于一些顶层设计的问题,发展还是遇到了一些瓶颈。因此,应该继续努力研究我国高等体育教育的发展战略问题,做好顶层设计,为进一步促进高校体育教育改革提供一定的思想指导。

(二)高校体育教育管理体制的研究

目前在我国,高校体育教育的管理体制正显现着一定的弊端,存在一些亟待解决的问题。例如,我国高校体育教育仍属于教育部门和学校来管理、来规定和执行大学生的体育活动。我国也有专门的大学生体育协会来组织和管理大学生的体育活动。但是,由于缺乏体育部门和相关体育协会的参与和支持,从专业性、科学性上,不能给大学生参与体育运动给予很好的指导和建议。虽然,这些年来,我国在竞技体育领域不断取得进步和突破,但是由大学生群体走出的高水平运动员却非常少,这在一定程度上也反映了我国高校体育教育的相关问题。因此,应该梳理一下高校体育教育的领导主体,协助主体以及参与者之间的关系,确立一套合理的高校体育教育管理体制,为高校体育教育的发展广开门路。

四、高校体育教育专业改革的研究

目前,在我国高等院校培养的体育人才中,体育教育人才是其中最重要的一类人才,他们在毕业以后承担着各级各类学校的体育教学任务,为中国的体育教育事业做出了很大的贡献。但是这些年来,体育教育专业就业率低的问题屡见报端,一方面是因为大学生数量增多,就业压力大的原因,另一方面跟我们培养的人才质量也有很大的关系。因此,我们应该积极探索体育教育专业改革的问题,为培养出符合当今社会需求的体育教育人才做出应有的贡献。为此,应就以下几个方面进行探索。

（一）确立体育教育专业的发展战略和目标

根据国家体育事业的发展需求和健康规划,确立我国体育教育专业的发展战略和目标,不断调整培养的思路和目的,改变过去只为培养中小学体育教师的传统目标。随着社会的发展和需求,现阶段,体育市场对体育教育人才的需求除了教会体育技能外,还需要懂得其他的健康和心理学知识,此外还可以向上培养优秀的运动员,为国家的竞技体育服务。

（二）合理规划和布局体育教育人才的培养

根据社会需要,合理规划布局和设置调整体育教育专业的招生院校。根据高等体育教育科类、地区、层次和形式结构状况,设置调整专业规模、层次和口径,使体育教育人才的培养种类、数量、水平与体育事业发展需要相契合。

（三）依托社会力量协助体育教育专业的培养

目前在我国,体育已经受到社会各个层面很大的关注和支持,体育在人们生活中的地位也越来越重要。市场上也出现了很多规模很大、资产过亿的体育教育培训机构,因此,可以借助社会上的力量帮助高校来进行体育教育人才的培养,一方面可以增加培养的质量,另一方面可以根据市场的需求来进行培养,做到人尽其用。

（四）引进国外先进的体育教育理念和方法

当今社会是一个全球化的社会,各个国家的体育教育理念和方法都存在着很大的差别,特别是在一些西方发达国家,他们拥有先进的体育教育理念和方法,比如美国、英国等国家,我们应该积极拓展这方面的研究,引进和吸收这方面的经验,为我国体育教育专业的培养提供一定的理论支撑。

五、高校体育教育中性别不平等的研究

在我国的高校体育教育中,存在着男女在参与体育教育方面不平等的问题,主要表现在体育资源的占有不平等,教学内容和方法主要针对男生设计的不平等,男女体育教师配备的不平等。造成这种现象的原因有很多种,有外部的文化因素,也有女生自身的因素,应该加强这方面的研究和探讨,促进女生在参与体育教育上的平等化。

六、高校体育教育教学评价的问题

高校体育教育教学评价的种类繁多,如果按评价的对象来分,可以分为综合评价、教师个体评价以及单课教学质量评价。这些评价为促进高校体育教学质量的提高能起到立竿见影的作用。倘若按评价方式来分,可以分为专家评价、校际评价、自我评价和学生评价等。评价的过程可以分为:评价的准备、评价的实施和评价结果的处理三个阶段。当前高校体育教学评价的方法主要有两种,即结果性评价和过程性评价。结果性评价是指在教

学结束时对教学结果所做的价值判断。这种评价方法的优点是简便易行,比较直观,可操作性强;缺点是只注重学生在体育活动方面达到的水平,而忽视了学生在学习过程中运动技能、身体素质、心理健康等方面的发展和提高。而过程性评价是指在教学过程中,评价教学本身的运用。这种评价方法能较快获得信息,可以及时总结经验教训,从而改进体育教学工作。但在评价过程中会出现一些人为因素,从而影响评价的准确性。为此,在高校体育教学评价中应合理利用这两种评价方法,保障体育教学评价的准确性和科学性,提高高校体育教育的教学效果。

第二章　我国高校体育教育的现状及问题分析

　　我国的高校体育教育从一开始走到今天,可谓是吸收了众家之所长,许多有益的教学方法和手段不断涌现,并且体育教育的理念也在不断更新。然而,与理想中的体育教育成果相比,实际当中教学效果显得较为一般。在一组大学毕业生的调查数据中显示,毕业后仍旧坚持一定周期频率的体育健身的人占54.25%,仅仅高出半数,而处于"亚健康"状态下的大学毕业生则占比巨大。诚然造成这个结果的因素有很多,但高校阶段的体育教育出现偏差总是不能被回避的问题。而为了能够解决这个问题,对于我国高校体育教育的现状及出现的问题进行客观分析和诊断就显得很有必要。

第一节　我国高校体育教育的现状

　　近年来学校体育教育已经成为体育教育领域中重点关注的问题,许多专家学者都将研究的目光落到这个领域,而高校体育教育更是成为其中的关键。一时间,许多关于改革高校体育教育的理念和方案被提出来。然而在经过更加深入地论证和实践的尝试后发现,其中许多方案的实施存在问题,不能如预期那样给体育教育带来效益上的明显改变。为此,要想提出最恰当和符合我国教育情况的方案就应该首先从最基本的高校体育教育现状开始分析。

　　通过对大量有关文献的调查分析,当前国内外的教育形式可概括为以下几种。

（1）传统方法的体育教学。

（2）以学生体育为指导思想的体育教学。

（3）以竞技体育项目为主的体育教学。

（4）快乐体育教育。

（5）发展个性为主的体育教学。

（6）传统项目为主的体育教学。

（7）发展能力为主的体育教学。

（8）增强体质为主的体育教学。

（9）以终身教育为主的俱乐部体育教学。

目前来看，我国绝大多数的高校体育教学的形式仍旧更多采用传统的体育教学模式。这种模式将走、跑、跳、投等基础运动作为主要教学内容，为了达到统一的教学模式、教学程序按部就班的效果，较多地强调了教学中的某一个侧面，而不能照顾到更加全面的需求。这就是体育教育改革的着手点，然而当前的改革实施也多带有一定的局限性，导致一种方法虽然在某一时间、某一地区流行一时，但多未形成一种改革的总体趋势。

现如今，由于我国对高校体育教学的重视程度不断提升，进而也带来了对教学目标与教学要求的提高。在深化教育改革的同时，把素质教育作为教育改革与发展的主旋律，并逐步将其与科技、经济、文化、社会等多领域相结合。如此一来，就使得高校体育教育不再是简单的对学生身体方面的体质提升方法，而是一种全方位的素质教育手段，使大学体育能够充分发挥个人的才能和智慧，促进个性发展。在这种大的环境下，高校体育教育应具备以下功能。

首先，设置新课程例如"定向越野""野外生存体验""特色课程""攀岩登山"等内容，在一些自然和人为的条件下，设置各种困难和障碍，让大学生在克服困难和超越障碍的过程中，能够多开动脑筋，运用团体的力量与智慧，共同达到预定的目的，从而培养大学生适应环境，能够战胜自我、战胜困难、吃苦耐劳、面对困难、团结协作方面的品质以及意志。

其次,就是能够满足大学生各种不同的兴趣、爱好的需要,让不同层次的在校生的身体素质得到提高,能够体验体育运动的乐趣,并且产生诸如成功、成就感,令学生的自尊、自爱、自信、自强、竞争意识等方面的心境得到加强。

最后,培养大学生的组织与参与能力、人际交往能力,从而促进大学生的行为文明和个性心理的良好发展。

第二节　我国高校体育教育发展中存在的问题分析

我国长期沿袭的体育教学尽管在一段时期内对青少年人才的身心发展带来过不小的帮助,但随着时代的发展和社会对新型人才的需求,这种较为传统的高校体育教学已经显现出了诸多不足,其理念和实践方法均已不适应新时期高校体育教学的目标和要求。为此,本节就对我国高校体育教育发展中存在的问题进行总结与分析,以期通过对问题的分析与了解为高校体育教育更好的发展扫清障碍,探寻到好的发展之道。

一、对于学生的主体性认识不足

教学过程中,学生的主体性主要体现在两个方面,一是学生的体育实际需要与具体要求对于教学的主导性;二是学生在教学中的主动性与独立性。

虽然我们强调应以素质教育代替应试教育,提出教学应以学生为主体,但是这样的思想未能在教学中得到体现,以至一些高校在理论教学和运动教学中,都存在对学生主体认识不足的问题。从理论教学看,教学仍以传统的思想和认识为主,因为遵循传统的模式,缺乏思想认识、理论实践、结构内容等方面的突破;因为沿袭"填鸭式"的讲授方法,留给学生的依然是被动地接受和狭小的思维空间;教学内容不注重高等体育教学本质、成人期学生体育需要和学后体育行为的要求。从运动学看,虽然一些高校尝试俱乐部教学、选项教学,小集团教学,体能分班教学等形式和方法,以努力弥补传统体育教学中存在的不足,但是,由于教学思想僵化,以及缺乏对运动教学的本质、价值、内容和学后体育需要、高校教学要求的深入认识,使得这些教改尝试大多停留在追求形式的层面,难以将"以学生为主体"的精神真正体现到教学中去,更好地发挥学生的主体性。我们认为,在体育理论教学中,应以培养具备体育科学素养与文化素养的高素质人才为目标,以终身体育、健康体育的理论、知识和方法为重点,既注意体育教材的系统建设、又注意教学形式的多样性、教学方法的灵活性,以及学生参与教学的积极主动性。在教学中,以"为健康而终身体育"的思想、行为和方法教育为目标,以学后体育行为所应具备的体育综合能力为重点,在认识社会体育现状、学后体育需要和健康体育要求的基础上,力求将以学生为主体的兴趣教学同"自主体育能力"的培育有机地结合起来。

二、课程结构与内容安排的缺陷

首先,一些高校现行的教学大纲与课程结构忽视了成人学生与非成人学生在身心特征、学习特点等方面的实际差异;忽视了课程教学与课外锻炼间的互动关系;忽视了理论教学在培养学生体育意识,教育学生认识体育、了解运动、掌握方法和学会应用等方面的价值;忽视了理论教学与运动教学间的关系和两者在教学中的比重,不仅造成高校学生对体育的片面认识,影响了终身体育与健康体育教育的贯彻和实施,而且给新时期的高校教学建设工作带来了极大困难。

其次,现行的高校体育教学长期沿袭传统内容。在理论教学上,虽然自80年代中期起,前国家教委就要求实施在高校进行青春期卫生知识讲授计划,且一些高校已经加强关于养生、保健、卫生、锻炼等知识讲授,但是,长期缺乏对中西方体育进行文化、历史、时代的比较以及缺乏对生物体育、人文体育等的深入分析,因而极易造成学生在不甚明了何谓体育、为何体育的情况下,被动接受。不仅不利于学生对体育的认识和了解,而且影响了学生的正确认识,进而影响了学生为接受体育、获益体育而对教学内容加以思考领会的主动性,不利于教学一体、互动,教学相长的境界实现。虽然融入了有特色的教学内容,但是受传统的各种观念的影响,以及对运动知识理念缺乏剖析,使学生对知识的领会难以达到应有的深度。以至于学生只知运动之术不知运动之道,导致"知其然不知其所以然"的盲动,结果势必不利于学生体育能力的培养。

三、对于体育教学的本质仍未明确

运动教学是通过选择运用相关的教学方法和手段加以实施的。但教学中选用的项目是目的还是为目的而采用的手段,哪个为主体的回答关系到体育教学的实质和定位问题。

就运动而言,它只是为实现目标而运用的手段,同体育的本质有明显的区别。具体到高校体育教学,运动教学是主要形式、有效的方法、具体的手段,但并不等于体育教学,体育教学的内涵包括体育的功能、作用、文化内涵等。然而高校体育在很长时间内,崇尚运动、强调竞技、强调技能、注重成绩追求体能;在教学实践中,注重围绕身体素质与运动能力去展开。新时期高校体育教学的目标与要求,决定了运动教学项目本身只是手段,是为具体教学内容服务的有效教学方法。因此,教学应以完善学生体质为本去实现和应用体育目标。可见,将教学体育中的运动教学项目视为教学目的还是手段,实际是对高校体育教学的主体目标、主导任务等不同认识的结果。

四、对于教学考评的实质认识不足

教学考评作为保证教学双方实际投入的管理措施,以及教学效果客观检验的具体方法、手段、标准,是十分现实和必要的。体育教学是一项非常严谨科学的学科,因此,对于该学科的教学成果也是需要进行考评的。然而,许多人对于体育教学的考评工作看法不一,给予的重视程度也各不相同。实际上,如果对体育教学的考评工作的实质认识不清,则可能会给体育教学的总体发展带来阻碍。

在一些高校现行实施的体育教学中包括了体育理论的考评以及对体育实践的考评两种形式。对理论的考评主要考查学生对体育的基础性知识了解、掌握情况;对运动的考评则主要考察运动技术的掌握状况和运动成绩。这种直观的教学考评,其根源是对考评的认识不足,在现代体育教学的观点看来,这种考评的方式过于简陋和片面。这里就要首先明确一下教学考评的意义了。

教学考评从表面上看是对教学效果的客观检验,但它的作用绝不仅仅于此,它更深层次的意义在于引导和促进教学的完善,使教学更好地服务于教育目标。具体到新时期高校体育的教学考评,则是为了更好地促进和保证教学服务于为健康而终身体育的思想、方法、行为能力教育的需要。因而体育教学考评,应在正视体育文化的价值、不同学生身体和运动基础的差异、终身体育行为所需要的体育素养和自主能力的基础上,将体育理论考评的中心转向对体育的思想、认识和体育科学基础与文化素养的考评;将运动考评的重心转向对教学项目的技术原理、运动价值、运动效果的知识程度和体育综合能力的考评等。只有这样,教学考评才能充分发挥它在高校体育教学中的指导作用,使学生真正地理解体育,以及体育对生命的意义与价值,并促进新时期高校体育教学目标与要求的实现。

五、对于创造积极的教学情境和学习环境的意义认识不足

基于传统的体育认识与教学习惯,在一些高校的体育教学

中,依然注重于教学的组织性、纪律性、强调"教"的条理性、法度性和"学"的有序性、统一性等。这种教学虽然外观严谨、规范、清晰、有度,但也存在着主观营造紧张气氛的弱点。

体育教学不仅要强调人的社会属性,而且要强调人的自然属性,这既是新时期高校体育教学的要求,也是高校体育教学的发展趋势。然而,长期以来,我们一直强调,体育从属于教育,其主要功能是强身健体,本质属性是教育性与国家性。因而,高校的体育目标一直侧重于人的社会属性,注重"三基"和集体主义、协同思想与进取精神的教育,强调体育的社会功能与政治作用。这样的体育教育虽然是必要的,但由于它对"体育"和"人"的理解与认识较为片面,忽视了人的身心和谐对于生命健康的价值,其结果势必会轻视人的自然属性教育,也就不能充分认识教学情境和学习环境建设的意义。

从人的身心和谐、健康与体育作为娱乐游戏的角度看,高校体育教学不仅要注重对体育的认识、态度和终身体育行为能力的教育,也要重视学生接受教育的心境与宽松的学习氛围,充分调动学生学习的积极性与主动性,增进学生对体育教学的心理认同,使他们通过积极参与、体验乐趣、感受效果和享受成果而养成爱好体育,主动、积极地从事并坚持体育活动的意识、习惯,并将"终身体育"思想落到实处。因此,注意创造积极的教学环境与学习环境,是教学改革中应予重视的重要内容。

六、对于体育教学如何结合课后体育需要的认识不足

新时期高校体育教育改革,既为高校体育教育指明了新的目标,也要求高校体育教学注意力主要集中于传统的教学形式、项目和方法等。虽然体育选修课、体育社团、体育俱乐部等体育教育新模式以及更多种类的球类运动、健身项目、民族传统体育运动、游泳等教学项目越发丰富,这对于提高学生的运动兴趣与能力具有积极意义。然而仅仅如此就力图来保证课后体育能力和

终身体育行为，进而保障生命健康，则就有失全面和完备。之所以这是一种理想的想法，主要是因为参与体育运动需要有多种因素的共同构成以及周边体育环境的完备才可以进行。显然，提高运动兴趣和运动能力，只能部分满足终身体育行为的要求。应该在此基础上，通过加强对身体肌理、运动规律、技术原理、动作效果、方法价值的解析等，使学生认识、理解并掌握运动，提高对身体的自我监测、发现、调控和锻炼的能力，能够不受时间、环境、条件等外在因素的束缚，而根据自身健康阶段性锻炼的实际需要，运用自己所掌握的运动、锻炼、卫生和保健的综合知识，来设计健康方案、选择运动方式、确定锻炼方法、实施锻炼计划。此外，对于初次涉及的运动项目，还能根据项目的特点，运用所学得的知识和触类旁通的运动学习能力的自主性，对其加以分析、领会，进而自主学习。只有这样，才能在当前大众体育资源还有所匮乏以及社会体育指导员配备尚不完善的情况下切实保证体育教育真正结合学后体育的实际需要，使新时期的高校体育教学所应有的价值和作用得到充分发挥。

第三节　我国高校体育教育的发展前景与策略

一、高校体育教育改革的几个侧重点

（一）教育理念的转变

要想做好高校体育教育改革工作，首先要改变的就是体育教育的理念。理念转变在先，此后才能以其作为指导实践的基础。在新型体育教育的理念指导下，要求体育教育不光是运动技能或体育知识的传授，还应该将体育教育作为部分社会、人文科学、自然科学等知识内容的教育场合，使学生在体育教学中所能学到的东西更加广博，学会多样化的学习方法。其中，特别要注意培养学生学以致用的观点，努力创设学生动脑、观察、练习、创造的机

会,充分发挥体育多功能的作用,为提高学生全面素质服务。而这恰恰是体育教育区别于其他学科教学的最大特征,是体育教育在素质教育中得天独厚的优势。

(二)教师素质的提高

在高校体育教育改革中,身处体育教育一线的体育教师是非常关键的一个环节。为此,在实施素质教育时,要充分认识到教师的作用。由于教师是体育教育中的直接知识与技能的传授者,因此,教师所掌握的知识和言行将直接影响到学生对体育教学的认可度和满意度。由此一来,过往对于体育教师的要求要进行提升,对他们的知识结构不能只满足于"学科知识+教育学知识"的传统模式,而是应该形成多层复合结构,并且还要注重体育教育中的"软性"教育,即善于理解学生心理,捕捉学生内心的感受,培养学生健康良好的个性与情操以及他们对体育教育表现出的良好情感态度与价值观。另外,体育教师也要对自身的综合素质和工作能力有进一步的要求,除应注意完善知识结构,提高教学能力、专业技能之外,更应该注意培养良好的个性和心理品质,从政治、道德、知识、能力、心理、审美等诸方面提高自己,使自己全面发展和综合提高,成为全能型、开拓型、创造型的教师。

(三)教材内容的转变

21世纪所需的人才是综合性全面型人才,这是我国社会各方面领域保持可以持续发展的核心要务。为此,作为素质教育的主要培养形式,体育教育就自然承担了更多的责任。而教育的转变会在体育教学内容中获得直观地展现。首先,体育教学内容的载体是教材,现代体育教育要求体育教材应与培养学生能力和未来实际需要相结合,并且随着体育运动的发展不断获得完善和补充,使一些具有时代性和实用性的体育内容进入体育教学的范畴当中,如此才能使体育教学中的体育与生活中的体育更加接近,使教材能反映现代科学技术的新成果,让学生能学习和掌握体育学科中的新成果、新技术、新动态,提高学生的学习兴趣;其次,体育教材应尽量能够与体育相关学科相关联,如此是对体育教学内容的一种拓展,能够引申出学生更多的思考;再次,教材应多样化,除了必修课外,还应开设各种类型的选修课,以拓宽学生的知识面,建立合理的知识结构;最后,增加教材的趣味性和可读性,增加体育史、教学和训练范例、评价标准和方法等内容,这种内容的增加可以使学生既学习体育知识,又巩固专业知识,有利于培养学生学习体育的兴趣,并使教材在今后的实践中具有参考和实用价值。

总之,教材的制定应考虑现代化、理论化、结构化、多样化、趣味化,教材内容应含有诸多层次:知识层次、能力层次、情感层次、认知层次、教学思想和方法层次。而一套好的体育教材的最终成形需要较为严谨的科学理论与实践检验,其中许多过程较为繁杂枯燥却不能忽略,否则对体育教学内容的改革就只能是一种流于形式的行为,这是对体育教学改革工作以及对学生的不负责。

(四)课堂教学观的转变

当前的体育课堂教学中存在几个问题,这些问题如果不能得到很好的解决,会在很大程度上影响体育课堂教学的总体质量。这些问题具体如下。

(1)体育教学的内容较多,然而总体来看体育课的总课时偏少,因此压缩体育教学的过程就是不可避免的事情,长此以往带来的直接后果就是每节课的教学过程因内容膨胀而无法实现目标。为此,首先就需要转变课堂体育教学观,使体育教学获得各方的重视,保障体育教学的顺利开展与各种保障措施的提供。

(2)在传统的体育教学课堂中,对于运动技术的教学更多的是采用枯燥的练习的方式来进行。这种简单的教学方法只会让学生厌烦体育课程,远不能体验到运动的满足感,也体验不到提高技术和掌握知识的乐趣,教学容易出现因内容空泛而产生的"游戏化"和"活动化"倾向,很多时候只是让学生参加活动。

（3）传统的体育课堂教学是教师讲解、示范，学生模仿跟随练习的过程，基本上是教师和学生之间的单向传递。这些情况都不能适应当今体育教学的需要，根本达不到体育教育的目标。符合现代体育教学需求的教学应该是一种将教师的教与学生的学相结合的模式，打破传统体育教学单一是教师向学生灌输知识或技能的模式，由此能够使体育教学课程的氛围更好，学生更乐于接受体育学习，进而从体育教学的过程中获得更多的启发。

二、我国高校体育教育在未来的发展策略

（一）注重对民族传统体育项目的引入

我国民族传统体育应成为高校体育教育的重要组成部分，因其不仅表现出民族智慧、精神和性格，对弘扬民族文化也有不可磨灭的作用。同时，民族传统体育对于培养大学生科学文化素质、思想道德素质、身心素质以及培养个性也有重要意义。

1. 民族传统体育与素质教育

在素质教育中实施和加强民族传统体育，是基于个体和社会发展的需要，结合项目本身各种有利条件，通过运用活动过程中的特定途径，引导学生积极主动、最大限度地开发自身潜能，提高自身价值和整体素质，从而弘扬民族文化，陶冶高尚情操，促进人的身心全面发展和完善。

2. 民族传统体育教育与科学文化素质

民族传统体育对于加强素质教育，特别是科学文化素质教育有着重要的功能和价值。它蕴含着深刻的东方哲理和价值观念以及丰富的美学、医学、民俗、宗教、文学、历史与军事等方面的理论知识，通过学习，有利于学生开阔视野，提高体育文化素养，促进体育意识与习惯的形成，对实现全民健身战略和体育强国有着

积极的导向作用。

3. 民族传统体育教育与思想道德素质

民族传统体育教育不仅使学生掌握相关科学文化知识,更给学生提供一种思想、一种意识、一种精神。民族文化的内涵是广阔的,传统伦理所要求的"仁、义、礼、智、信"等亦贯穿于体育活动的过程当中,作为道德文化规范和具体体现,对人产生潜移默化的影响。因而,开展民族传统体育教育能够帮助学生树立正确的伦理道德观念、提高各种涵养和品性,使之全面、系统地领会中华民族精神,并不断内化为自身的意识和行为。这与学校教育中强调"德育为先"是实现教育总目标的必要条件相一致。

4. 民族传统体育教育与专业、身心素质

民族传统体育是以人为本的,围绕如何提高人体身心健康水平为基准,通过体育活动来锻炼心、智,启迪灵性,进行人格修养,使身体修养和道德修养和谐统一发展,进而形成理想人格。因此,通过学习能够使学生掌握丰富的专业知识、专项技能,深刻理解和领悟中国传统文化的内涵,有利于他们抒发情感,培养情操,在素质教育中占有重要的地位。

5. 民族传统体育教育与个性的培养

个性教育,其根本目的就在于使学生的个性得到全面充分、健康和谐的发展,民族传统体育对人个性的发展和形成有着极强的影响力,在培养人身心方面起着重要的导向作用,尤其是在人的个性心理发展方面,有利于培养人在复杂的环境中良好的心理适应能力。同时也有利于学生发现个性中的缺点,采取行之有效的方法改进自己的不足,做到扬长避短,形成正确的人生观,确立正确的社会角色定位,以展示民族体育之风范,最终达到个性的形成。

(二)高校体育教育"地方化"

我国幅员辽阔,不同地区的人由于受到不同地理环境和人文

环境的影响会形成不同的意识,当然这也包括不同地区的人对体育教学的理解和认识的深度的不同。经济相对落后、人口素质基础低,导致了大众对体育生活价值的认识起点低。因此,鉴于这种实际情况的体现,为了发展高校体育教育,使之成为可持续发展的教学内容,就需要高校体育教育更应该着重突出地方性。

首先我国教育经费投入比例的失调,在严重不足的教育投入中,用于体育教育的经费微乎其微,因此用地方经济扶持高校体育教育有重要意义。

其次让学生认识到锻炼无处不在、运动就在身边,无论教育环境、教学手段如何,追求健康始终是体育教育唯一的最终目的,只有正确认识这个目的,体育教育才有助于个体的发展、群体的参与。

最后,我们应采取分析的态度,从国情出发、从实际出发,学习引进和传播国外的新思想、新理论,使高校体育教育的视野更加开阔。更新观念,为体育教育改革提供借鉴、注入活力,真正体现体育教育的地方化特色。

(三)丰富高校体育教育功能

高校体育教育具有多样化的功能,这些功能是保证高校体育教育富有重要意义的关键因素。而如何才能发挥出这些功能,并为学生的全面发展服务就成了专家学者们研究的内容。在人们印象当中,体育教学的最大功能就是强健身心,但实际上它的功能远远不止这些,而尽最大化地开发出高校体育教育的功能就成为未来高校体育教育的发展趋势之一,这也适应了当代大学生的培养目标。这里主要对高校体育教育中的美育功能以及其在不同体育形式间的助推功能进行分析。

1. 高校体育教育中的美育功能

美育在现代所提倡的素质教育中有着不可替代的作用,这是指导人们如何发现美、感受美和欣赏美的教育内容,美育的目标是养成人格美，即培养成丰富的具有完美个性的人，美育的中心任务是使受教育者掌握美的规律，养成感觉美、鉴赏美、创造美的能力。体育运动中充满了许多种类的美，在体育教育中，贯彻美育原则可以使死板的记忆化为主动想象，可以把枯燥乏味的技术动作等化为生动美好的艺术形象，把师生之间单方面的灌输关系变成平等的相互交流的关系。这种将美育功能融入体育教学中的教育行为不同于一般的教育，它对于美育的最大的功效主要表现在以下几个方面。

（1）对美的教育更加直接和明显。体育教育的美育功能主要是通过欣赏或亲自力行参与其中，感受到身体运动带来的美的塑造。在体育运动中不仅人体各种潜在的生理机能得以充分展现，并且还能促使人们的体格变得更加强壮与健美，从而最终使人成为"健、力、美"的有机结合体。

（2）体育的审美教育。通过这种教育，引导受教育者自觉参与体育活动过程，并在这个活动中遵循美的规律塑造出自己完美、和谐、健康的形体并造就人的优良品质、塑造人的心灵。

（3）培养美的情操、美的灵魂。体育教育在塑造人格美方面的教育功效更为直接和显著。学生在参加体育教学及其相关活动时得以亲身感受体育运动带给他们身心双重方面的健康效益。其中对于心理方面的调试作用可使他们获得良好的心情，再加上体育运动中的一些项目需要团队配合进行等原因，这一切都可以培养学生美的情操，感悟美的灵魂。

由此，高校体育教育的美育有更深层次的意义，以体育美育为途径追求德育、智育的目的。

2. 基础体育、高校体育及终身体育的互动作用

基础体育是以身体练习为主要手段，通过合理、科学的体育教育和锻炼手段，达到增强体质与健康的目的。基础体育的范围包括学校体育与社会体育。高校体育实际上也是学校体育的一种，只是它的级别更高，内容更丰富，目的性更强。高校体育的最大意义在于培养学生的终身体育意识和掌握正确的运动方法，可谓是起到了承上启下的重要作用，同时也是学生对于体育学科学与用的关键衔接点。但是即便如此，也不能单纯的就认为高校体育是基础体育的继续，两者之间实际上还是有所差别的，只不过是基础体育的发展为高校体育教育提供了高起点，推动了高校体育的改革。

终身体育教育与高校体育存在互动作用，因此，高校体育应该以终身体育作为体育教育的终极目标，以培养学生的体育意识为己任，如此才能发挥出高校体育在终身体育教育中的"桥梁"作用。这种"桥梁"作用的具体表现如下。

（1）高校体育是最高级别的学校体育，是学生身体教育的最后一站，是学校到社会的转折点和学与用的衔接点。在高校体育中加强学生终身体育意识和技能的培养有利于学生获得终身体育带给他们的健康效益，并且通过意识与行为的传播，成为根植于社会之中的社会体育辐射源，成为大众健身的示范者和践行者。

（2）大学生处于身心发育较为成熟的时期，是接受教育、完善自我、实现个体社会化的最佳阶段。由于文化层次较高，理性及自主能力较强，在此期间，结合学生自身的兴趣、爱好及身体状况和专业特点，学习自我锻炼身体的知识、发展自我身体锻炼的能力、培养终身体育锻炼的习惯，必能收到事半功倍的效果。

（四）多元化高校体育教学方式

多元化的高校体育教学方式应秉承求真务实的态度，一切从实际出发，因地制宜、因人而异地开展体育教学活动。保证体育教学除了传授最基本的体育知识与技能外，还能对学生产生激励作用，满足学生不同兴趣、爱好的需要，使不同层次的学生都能提高，都能体验到运动的乐趣和产生成就感。多元化教学方式可以摆正以学生为主体，教师为主导的位置关系，将传统的教师一味灌输知识向学生对学习内容有所选择转变，切实将过去的"要我学"转变为"我要学",从"学会"到"会学"。教师从单一的知识传授者变成了知识引导者和启发者,这样可以让学生在教学中投入更多的智力与体力,使身心得到有效的锻炼。由于对所学的项目具有较强的兴趣,学生上体育课,感到的是一种快乐,能在娱乐中学习。高校体育教育方式向多元化发展在培养学生技术技能方面成效明显,同时在潜意识中培养了学生的品德,自觉的行为规范,并促进其个性的发展。

第三章　当前我国高校体育教育
理念及发展探讨

　　体育教育理念的更新与发展是体育教育教学事业发展与完善的重要前提,当前我国高校体育教育的进一步深化改革与完善必须是建立在科学体育教育教学理念的指导基础上的,只有这样才能从根本上牢牢把握住现代先进体育教育的未来发展趋势与改革方向,才能真正促进我国高校体育教育的进一步科学化发展。本章主要就当前我国高校体育教育的三大理念进行详细阐述,并结合我国国情和国外体育教育理念对我国的启示进行深入分析,以此为当前我国高校体育教育理念的改革与创新提供理论指导。

第一节　当前我国高校体育教育的三大理念

一、"健康第一"理念

(一)"健康第一"教育理念概述

1."健康第一"教育理念的基本内涵

　　"健康第一"这一理念在我国的提出是在 20 世纪 50 年代,据悉,新中国成立初期,国家体育发展面临的首要问题是国民体质较差、青少年儿童健康教育较为落后。在 1950 年,毛泽东为了改变新中国成立之后学生负担太重、健康水平日益下降的基本现状,首次提出"健康第一"思想。

20世纪90年代,为了进一步促进我国体育教育改革,"健康第一"的理念和思想被再次提出并引起重视,这一时期的"健康第一"理念与20世纪50年代的"健康第一"理念本质不同,它是在我国素质教育改革下的一种教育诉求,是一种新的具有创新意义的教育理念。

"健康第一"教育理念强调体育教学中的教学首要目标是要促进学生的身心健康发展,其次才是体育技能的提高,其在"学校教学忽视体育教育"和"体育教学以竞技体育为主要内容"的传统学校教育教学中是一种新的教育思想和观念的突破。

2."健康第一"教育理念的依据

(1)"健康第一"教育理念符合世界发展潮流

1948年,世界卫生组织提出健康现代健康新理念,之后,世界各地开始广泛开展健康教育。为适应世界健康发展新趋势,我国提出"健康第一"教育指导思想。1990年6月,教育部和卫生部首次联合颁发《学校卫生工作条例》,依法将健康教育纳入到学校体育教学,积极开展各种健身活动,关注学生的健康发展。学校体育教育教学的重点发生了根本性的变化,已经从"单纯地技能传授、重视学生体育技能发展"向"促进学生身心健康发展和社会能力的提高"方面转变,2005年党中央国务院公布的《关于深化教育改革全面推进素质教育的决定》,进一步明确了在现代我国体育教育教学中坚持"健康第一"指导思想的重要地位与作用,在全世界都强调素质教育的大背景下,"健康第一"成为我国体育教育教学的重要改革指导思想。

(2)"健康第一"教育理念适应当代社会发展需求

当前社会,科技不断进步、经济发展迅速、生活节奏日益加快,人类的体力劳动越来越少了,又由于家用电器的普遍使用,人们用于家务劳动的时间也大大缩短。长时间伏案工作所造成的"运动不足""肌肉饥饿"严重影响了人们的健康。由于很多人不能适应快速发展的社会节奏,因此导致现代社会人们心理疾病、心理障碍多发,如身心紧张与焦虑等,20 世纪 90 年代开始,疾病死亡大都由心脏病、脑血管疾病与恶性肿瘤等文明病导致,疾病死亡原因也发生了本质的变化,人们的生活方式发生急剧转变是导致疾病死亡高发的一个重要原因。对于整个社会来说,快节奏的生活方式是难以改变的,人们必须自觉接受并尽快适应快节奏的社会生活,与之同步发展。这种情况下,人们也充分认识到健康的重要性,在教育领域,学生的健康问题与国民健康问题更是引起了极大的关注。

21 世纪的人才是全面发展的人才,社会的快速发展与激烈竞争要求现代人才不仅要有正确的政治思想,具备扎实的科学知识和能力,还必须具备强健的体魄。要想在这个充满竞争的社会中立于不败之地,必须首先拥有一个健康的体魄。实践表明,学生积极参与体育健身活动,不仅强化了体魄,增强了抵抗力,还有利于学生良好心理素质和智力的发展,这对学生的个人发展、国家与社会的可持续发展都十分有益。

3."健康第一"教育理念的特点

"健康第一"教育理念内涵丰富,其在体育教学实践中表现出以下特点。

(1)强调素质教育。"健康第一"教育理念重视学生的健康发展,它指出,学校教育教学的首要目标是促进学生的健康成长,学生的身心健康比考试升学更为重要。

(2)健康的基础是身体健康。健康的体魄是人全面发展所依附的基础,是人类发展的基本标志。[1] 所有教育的开始都源于健康的身体。学校应首先重视学生的身体健康培养。

(3)健康的全面性。"健康第一"教育理念中的"健康"是一种多维的健康,是真正意义上的健康,不只是身体的健康,还包括心理健康、社会适应、生殖健康、道德健康等。

---

[1]　高鹏. 从科学发展观谈学校体育教育"三大理念"的内涵[J]. 科技信息,2009(34).

（二）"健康第一"教育理念在我国高校体育教育中的实际应用

体育是一种身体文化现象，人的生理与心理是从事一切活动的基本要素。"健康第一"的出发点是每个人的全面发展，是学校体育发展的一种全新理念。① "健康第一"教育理念的提出对于现阶段社会发展对综合素质人才的要求和学生日后的健康、全面、可持续发展具有非常重要的指导和帮助作用，体育教育促进健康的本质功能得到了充分的体现。

当前，"健康第一"体育教育理念在我国高校体育教育中的应用主要是，在"健康第一"教育理念的指导下，不断促进我国高校体育教学各要素的发展与完善，使之充分体现"健康第一"教育思想内涵，并在具体的教学过程中得以落实。

1. 体育教学目标的明确

"健康第一"的教育理念为促进我国高校体育目标多样性、多层次的建构提出了新的要求。当前，"育人"是学校体育教学工作的最根本目标，技术教育和体制教育并不能完全作为学校体育实践的重心，应该把重心从单纯地追求学生的外在技能水平向追求学生的全面协调发展转移。这些都体现出了我国在学校体育改革中更加注重学校体育目标的人文倾向。

"健康第一"教育理念的科学贯彻落实，要求我国高校体育教育应重视学生健康知识与素养的全方面培养与提高，应将体育教育、卫生教育、美育等有机结合起来，"人的全面发展"是以健康的体魄为基础的，人类发展的基本标志之一就是健康、长寿。具体来说，学校应加强学生的营养指导，让学生了解有关营养、卫生保健的知识，并形成完善的体系，紧密结合学生生长发育与生活实际开展健康教育，使学生学会自我保护，预防疾病发生。此外，还要把学生青春期教育和心理健康教育作为健康教育的重要内容

---

① 高鹏. 从科学发展观谈学校体育教育"三大理念"的内涵[J]. 科技信息，2009（34）.

来抓好,并寓美育于体育之中,提高学生对体育的兴趣,提高其运动质量。

2. 体育课程体系的调整

课程体系改革是当前体育教学改革一个非常重要的方面。通过课程体系方面的改革,能够使教学内容更加丰富多样,还能够更好地满足学生的发展和社会的发展需求。

在"健康第一"教育理念影响下,传统体育教学中的教学课时少、课程内容安排不合理、课程体系不健全的情况等得到了有效的改善。学校在设置相应的体育教学课程时,开始考虑学生身心各方面发展的需求,并且在课程中逐渐将学生作为课程中的主体。学校在进行教学内容和课程体系设计时,更加注重学生的个性和性别特点,并且开始根据学生的身体素质水平来提供丰富多彩的、供学生进行选择的体育教学内容,各种体育教学内容在促进学生的身心健康发展方面越来越贴近、效果更加明显。

3. 体育教学方法的优化

体育教学方法是促进体育教学过程顺利开展的重要因素,在"健康第一"思想的影响下,通过多种形式的改革,体育教学方法日益丰富化和多样化,对于培养学生自觉的健康意识和健康行为发挥着重要的作用。

当前,促进体育教学方法的优化是"健康第一"教育理念的一个重要要求,要求体育教学方法在体育教学中的科学应用必须能够实现体育教学对学生参与体育积极性和主动性的调动,使学生从主观上重视体育对健康的促进作用,使学生在体育教学过程中得到全面、健康的发展。

4. 教学评价体系的完善

在"健康第一"思想的影响下,体育教学的评价应以学生的体质增强、身心健康发展为重要评价指标。

当前,新的体育教学评价体系不仅注重对学生进行全面的评价,还注重对教师教学方面的评价。在对学生进行的全面评价中,一方面,教师开始重视对多方面的教学效果进行量化分析,并且将定性评价和定量评价相结合,大大提高了体育教学评价的科学性,对于学生认识自身的不足以及获得学习的动力起到了良好的促进作用。另一方面,教师对学生的评价内容日益多元化,关注学生的多方面成长与发展,具体的评价内容开始不仅仅局限于其对技术技能的掌握情况,而是更加注重对其创新能力、学习态度、意志品质等方面进行综合的评价,真正关注学生全面的健康与发展。

二、"以人为本"理念

（一）"以人为本"教育理念概述

1."以人为本"教育理念的内涵

"以人为本"教育理念源于西方人本主义思想,西方人本主义思想最早可以追溯到古希腊时期,其正式形成是在意大利文艺复兴时期。19世纪初,哲学家费尔巴哈首次提出了"人本主义"口号,此后,西方产生了多个人本主义学派。我国"以人为本"教育理念是在充分吸收了西方人本主义教育思想后、建立在马克思主义关于人的全面发展的理论基础上,结合中国实际和时代特点,形成的完整而科学的教育价值取向。

"以人文本"是我国现代体育教学的一个重要教育理念与指导思想,它重点强调了教育中"人"的发展。"以人为本"教育理念指出,教育的出发点、中心以及最终归宿都是"人",教育是以人为基础和根本的,教育的目的是人的发展。

2."以人为本"教育理念的核心

(1)肯定人的重要地位和作用。充分肯定人性的,信任人的潜能、智慧,向往和追求健康体魄及身心和谐统一。

(2)肯定学生在体育教学中的主体地位与作用,对学生的人格、权利给予尊重,加以维护。

(3)客观尊重个体之间的差异性。具体到体育教学中,应充分了解和尊重学生之间的差异,因材施教,重视学生的个性发展。

(4)鼓励学生主观能动性的充分发挥,使所有学生都能积极主动地学习体育知识和技能。

(5)保证所有学生都可以学有所得,学有所成,学以致用。

3.“以人为本”教育理念的教学要求

“以人为本”教育理念的教学要求具体如下。

第一,“以人为本”教育理念要求所有的教育都必须贯彻以人为本的原则,这是现代教育发展的基本要求。用金钱标准是无法衡量现代人的自我价值和自我尊严的,教育实际上也是人的自我实现、自我理解以及自我确认的过程。

第二,“以人为本”教育理念要求在教育过程中将人的自由、幸福、和谐全面发展以及终极价值实现重视起来。体育教学应该对学生的个性发展给予一定程度的重视,使学生在体育训练中张扬个性,自由展现自我。体育教学在带给学生身心愉悦与快乐的同时,也应使学生的人性通过体育的方式得到最自然地流露,使学生在体育学习中自由宣泄和释放自己的情感。通过体育教学应促进学生的身体、心理、个性、品质的健康发展,使学生成为更完善、更优秀的个体。

第三,“以人为本”教育理念要求体育教育突破机器的教育模式,真正转变为人的教育。作为教育的对象,学生首先是一个“人”,其拥有人权和自我价值,这是教育的起点。现代体育教学应重视以社会需求为基础加强对全面发展的新型人才的培养。在整个体育教学活动过程中,要充分尊重和重视学生的人性、人权以及价值。

第四,“以人为本”教育理念要求体育教育应体现人文关怀。

人作为体育教育的对象,是有理性、有情感的,思考的方向由情感决定,而思考的结果是由理性决定的。体育教育中只有先以情感人,才能以理服人。无论采取何种先进的教育方法和手段,都要注重面对面教育;不管采用多么发达的现代传媒手段,人和人之间面对面的融合和交流都是不可替代的;不管制度多么完善,人文关怀的巨大作用始终不容忽视。因此,体育教育教学必须要有人情味,要时时刻刻以"人"为中心,以学生为中心和教学主体。

(二)"以人为本"教育理念在我国高校体育教育中的实际应用

21世纪,将"以人为本"的基本发展理念融入体育教育,是人类社会协调和可持续发展的基本要求和重要内容。新时期,"以人为本"是我国高校体育教育的主导思想。

当前,"以人为本"教育理念在我国高校体育教育中的科学应用具体体现在以下几个方面。

1. 体育教学目标的进一步明确

"以人为本"教育理念强调体育教学中社会本位目标与学生本位目标的统一。

首先,社会本位要求将体育教学的价值主体确定为社会,旨在满足社会发展的需要。

其次,学生本位要求在体育教学中以学生为价值主体,对学生个体的需要加以把握,以学生的兴趣、需要为出发点组织教学,使学生获得自由的全面的发展。

"以人为本"教育理念要求有机统一社会本位目标与学生本位目标。具体来说,在体育教学中,不仅要注重社会价值目标,还要强调对学生学习动机和兴趣的培养,促进学生良好体育态度和习惯的形成;不仅要将学生学习期间应达成的短期目标重视起来,还应对终身锻炼的长远目标予以考虑。只有充分结合这两个本位目标,才能使体育教学目标真正实现,才能实现学生发展的长远功效与近期功效的有机结合,才能促进学生和社会的协调、可持续发展。

2. 体育课程内容的进一步丰富

"以人为本"教育理念指导下,现代体育教学内容越来越重视学生体育学习与参与兴趣的提高、越来越重视与学生日常生活的密切联系、越来越关注学生的多元化的体育发展需求。在体育教学实践中,体育课程教学内容的选择日益丰富,教师在对传统体育教学大纲所规定的技能方面的教材予以考虑的同时,注重将对学生体育兴趣进行全面的培养、对学生的人格发展有积极影响的教学内容的引入。

具体来说,当前教学内容的不断丰富和完善表现出以下教学内容的增多:具有娱乐性和趣味性的体育教学内容;具有创新性,有利于培养学生创新精神的教学内容;实用的,与社会和生活联系密切的,可以对学生终身体育能力进行培养的体育教学内容;更方便普及的健身性的体育教学内容。

3. 体育教学形式的进一步多样化

"以人为本"强调体育教育教学的以学生为本,由于学生之间存在着客观差异,要做到以每个学生为本,关注和促进每个学生的成长与发展,就必须采取多样化的体育教学形式来满足不同学生的体育参与和学习需求,使每一个学生都能从情感上、行动上乐于进行体育学习,为了实现和达到这一教学目的和效果,就需要教师在体育教学中采取灵活多样的教学形式(如群体训练、小组合作、个人自觉练习等)来组织教学,使体育教学形式更加灵活、体育教学过程更加有趣,使学生不会将体育学习看作是很难的一件事情,同时,学生还能在体育参与过程中充分展示自我,充分激发学生的体育学习与参与的积极性与主动性,并切实促进学生的进步与提高。

4. 师生关系的进一步和谐化

"以人为本"强调学生在体育教学中的主体地位,体育教学的基本立足点是关爱学生生命,教师应尊重学生、关爱学生,在体育教学过程中,注重良好的师生关系的建立,这有助于体育教学过程的顺利进行。

首先,教师应尊重学生的人格和权益。对学生的独立性、个体性应予以尊重。

其次,教师应正视学生之间的差异性,在体育教学中既要关注优秀学生的学习,更要重视基础差、喜欢捣乱的学生的体育学习,不能对这部分学生失去信心而放任不管。对于基础差、喜欢捣乱的学生,教师要严格管理,同时也要宽容,如果只是为了严格而严格的话,学生就会产生畏惧或者抵抗心里,这不利于纠正学生的缺点,而严而有度、严而有方、严而有情的严格才更能帮助学生进步。教师在管理"后进生"的过程中,要付出情感,多下功夫,减轻这部分学生的思想负担,使其感受到教师的用心,并树立学习和参与体育的自信。

再次,教师应善于鼓励学生。教育鼓励是师生关系的润滑剂,鼓励可对民主、和谐的教学氛围进行营造,可促进融洽的师生关系的形成。在体育课堂教学中,教师要善于采用鼓励性的话语来激励学生,安抚学生。使学生在轻松自由的空间里和氛围中,能够积极与老师、同学沟通与交流,从而获取更多的体育知识,获得更多的成功体验,并在这种体验中更加积极地配合教师完成学习任务。

5. 体育教学评价的进一步完善

"以人为本"的体育教育理念在体育教学评价方面,要求评价更加关注作为教学对象的学生的发展,而非只关注体育教学任务是否完成。

在现代体育教学评价中,评价应关注作为学生的"人"的发展,不同学生有不同的学习能力,所以一些能力高的学生轻而易举就能够获得高分,而能力相对较差的学生付出很大的努力也难以取得理想成绩。因此,体育教学评价应是全方面的,全面评价需遵循"以人为本"原则,要将学生的全面发展充分重视起来,力求通过全面评价充分了解学生对体育学科的态度、参与体育锻炼的情况以及对体育技能的掌握和运用情况,教学评价内容应涉及学生的平时表现、素质达标、技术技能运用等多个方面。教师要针对不同的学生采用不同的评价方法,激励每个学生都能有所进步与成长。

三、"终身体育"理念

(一)"终身体育"教育理念概述

1."终身体育"教育理念的内涵

终身体育,具体是指在人的一生中都要进行身体锻炼和接受体育教育与指导,终身体育强调在个体生命整个过程中不同时期的体育,即体育健身贯穿于生命的全过程。

"终身教育"理念是社会发展到一定阶段的产物和现象。社会发展,知识更新换代越来越快,从而要求人们对知识的学习要不断跟进。在这种社会条件下,相应地必然会产生终身教学的理念。必须充分认识到,"终身教育"理念的形成和社会发展有关,但却是多因素共同作用的结果。具体分析,其形成有外部社会客观因素的作用,当然也有教育内部的一些主观因素的影响。外部因素提出了终身教育的要求,内部因素为终身教育形成提供了理论和基础,二者结合,最终才能形成现在"终身教育"理念。

"终身体育"是终身教育的重要组成部分,它包含两方面的内容。首先,个体在正确认识与理解终身体育锻炼后产生内在需求,形成强烈的锻炼意识,该意识会激发个体自觉进行体育锻炼的动机,从而使其形成终身体育思想,只有先树立一定的意识,才会形成内在动机,并慢慢养成良好的体育运动习惯;其次,人的生命过程会经历不同的阶段和时期,不管在哪个时期,都应该坚持进行身体锻炼,养成终身体育锻炼的良好习惯,养成健康的体育习惯是终身体育健康发展的根本源泉。

2."终身体育"教育理念的特征

(1)体育锻炼时间的终身性

"终身体育"是一种先进的教育理念,它突破了传统的学校体育目标过分强调学习和掌握运动技能的观念,打破了传统的体育教学观念把人接受体育教育的时间仅仅局限在在校学习期间。"终身体育"教育理念关注个体的整个人生的生长发育、健康成长、养生保健,强调体育参与可使人受益终身,应终身参与。

(2)体育锻炼群体的全民性

"终身体育"教育理念是面向整个人类的一种教育理念,不仅仅局限于学校中的学生,还包括社会大众,在学生从学校毕业进入社会之后,体育教育依然应该得到重视。体育教育贯穿人的一生,终身体育锻炼具有全民性。

体育教育是一个系统工程,现代社会,生存发展是时代的主流,要生存就必须会学习、运动锻炼和保健,人们要想更好地生活,就要把体育与生活紧密联系在一起,积极参与体育锻炼并促进身心健康发展,因此,关于"终身体育",每一个社会成员都应该重视和积极参与其中,故"终身体育"覆盖社会各个群体,因此,这是指接受终身体育的所有人,在对象上包括儿童、青少年、成人和老年人等;在范围上包括学校体育、家庭体育、社会体育等。

(3)体育锻炼目的的实效性

"终身体育"强调通过体育参与促进个体的终身健康、全面发展,因此,终身体育的锻炼内容、方式、方法等必须与个体的生活、学习、工作等密切结合起来。

"终身体育"以适应个人发展和社会发展为根本着眼点。人们为了改善自己的生活质量,根据自身条件合理选择适合自己的体育方式,做到有的放矢,具有较强的针对性和实效性,有助于促进运动者自身的全面发展和终身发展。

3."终身体育"与学校体育的关系

终身体育与学校体育既有相同点,又有区别,具体分析如下。

(1)终身体育与学校体育的相同点

共同的体育目标——是育人。健康的身体是工作、学习、生活的基本保障,是人们参与现代化建设的前提条件。终身体育有机融合了身体锻炼、工作及生活,提倡终身坚持体育锻炼。学校体育主要是对德智体全面发展的人才进行培养,促进学生身体素质、心理素质及智力和社会适应能力的全面发展。

共同的体育手段——身体锻炼。终身体育强调个体应养成终身参与体育锻炼的习惯,在人生的每一个阶段都积极参与体育健身锻炼。体育教学以学生的身体练习为主要教学手段,旨在通过学生的各种体育活动参与促进学生的体能、技能、心理、智能的发展。

共同的体育任务——掌握知识和技术,提高运动能力。掌握体育知识与技术是个体参与体育锻炼的重要基础,也是学校体育的重要教学目标与任务,学校体育教学是终身体育教育的一个重要阶段,离开这个阶段的体育教育,终身体育就不可能实现发展,学校体育教育应与终身体育教育充分结合起来。

(2)终身体育与学校体育的区别

体育参与时限不同——终身体育贯穿人的一生,学校体育只负责学生在校期间的体育教育。

体育教育对象不同——终身体育以全社会所有成员为教育对象,学校体育以在校学生为教育对象。

终身体育的建立与形成与学校体育教学的发展有着极为密切的关系。终身体育作用于个人,由相互联系、相互影响的学校体育、社区体育、家庭体育构成,并要求学校、家庭、社区均应开展体育活动,为个体提供参加体育活动的机会。终身体育贯穿于人的一生,对社会而言,终身体育是全体国民的体育,终身体育与学校体育二者的统一是终身体育追求的最高目标。

（二）"终身体育"教育理念在我国高校体育教育中的实际应用

"终身体育"教育理念的形成能有效促进我国体育教学的发展。树立终身体育教育教学理念是我国高校体育教学目标改革的指导思想，也是我国高校体育教学发展的落脚点。终身体育能否实现，在很大程度上取决于这种观念是否树立和能力是否形成。

1. 学生"终身体育"思想的培养

人们参与运动并坚持长期从事体育锻炼，首先应对"终身体育"教育理念有一个正确的认识，在此基础上，才能建立和培养"终身体育"教育理念。

就当前整个社会发展背景来讲，现代社会生活节奏越来越快、竞争越来越激烈，每个人都面临着来自各方面的压力。而人的健康生存与发展是以健康的身体为基础和前提的，如果身体状况不理想，很难应对学习、生活和工作中的问题，即便可以勉强应对，也不会过上高质量的生活。

终身体育锻炼可以增强个体适应、抗击压力的能力。只有充分认识到这一点，个体才会主动去参与体育锻炼，这种科学的体育认知与体育情感共同决定着体育行为。

在体育教学中，对于学生来说，要想树立终身体育的观念，教师必须正确引导学生科学认识和理解体育的价值，端正学习体育的态度，积极学会体育锻炼的技能，掌握体育锻炼效果评价的方法，形成终身体育能力，为终身体育锻炼奠定基础。

2."终身体育"教学内容的设置

在高校体育教学中，不能只追求学生某一特定的运动技能和运动的熟练程度，而是重视学生学会能自我分析自身的身体锻炼和综合的运动实践能力，加强对学生终身体育意识与运动能力的培养，并以此为核心来对体育课程进行多功能和综合性的开发。

具体来说,就是要求学校体育课堂教育的延伸与拓展,使学校体育向终身体育延伸。一方面,在设置体育课程目标时,要客观评估学生体能、身体素质及其对体育知识和技能的掌握情况。在实施目标教学前,教师应充分了解与分析学生的现状,以体育课程终身体育教学目标为导向组织体育教学。另一方面,在选用体育课程内容时,应重视对休闲体育项目、时尚体育项目的引进,开展能够激发学生体育兴趣和潜能,调动学生体育积极性和创造性的新兴项目,如健美操、瑜伽、体育舞蹈、网球、跆拳道等。使学生在轻松愉悦的氛围中掌握体育技能,切实提高学生的实际运动能力。

3.“终身体育”教学方法的运用

现代体育教学中,贯彻落实“终身体育”的关键在于学生体育学习兴趣的持续培养与提高,在体育教学中,教师应采取科学有效的富有创新的教学方法展开教学工作。在教学过程中注重采用多元化的教法,争取每节课都取得良好的成效,能够以不同学龄段学生的情况为依据有针对性地选择相应的教学方法,以不断活跃课堂气氛,使学生在欢乐气氛中形成体育兴趣,同时,有效避免教学中的一些因素对学生的阻碍,使学生在体育锻炼中感受快乐,树立自信,增强体育意识,全面提高学生的认知能力、技能水平,使学生获得良好的情感体验,进而主动参与体育锻炼。

4. 学生需求与社会需求的统一

“终身体育”教育理念是体育教育教学的一个重要指导思想,对于充分发挥体育的教育作用,促进学生的身心健康发展、社会适应能力的提高,满足当代社会对人才发展的需求具有重要作用。社会劳动力由不同年龄段的人构成,只有使身体保持在最佳的状态,才能更好地适应现代社会发展的需要,所以应在不同的人生阶段选择不同的锻炼方式和内容。无论是何年龄段、何种职业,都面临着对它的选择,以保证自己有更加充沛的精力,身体更加健康,以便更好地适应现代社会的发展以及满足未来生活的需要,而这种伴随人生一起发展的体育,就是终身体育。

学校是培养社会所需人才的重要场所,而无论何种人才,都必须首先拥有一个健康的身体,因此,高校体育教育应该重视把国家需要、社会需要与学生个体需要有机结合起来;把追求体育的健身价值与人文价值有机结合起来;把传授体育知识技能与终身体育教育有机结合起来,全面提高大学生的体育素养,促进大学生的终身体育能力的提高,以符合社会发展对人才的基本体质、体能要求。

在这里需要特别指出的一点是,学生的终身体育发展为社会对人才的需求奠定了基本人才素质基础,但学校体育教育是多方面的,不能单纯为社会需求发展服务,还应充分考虑"以人为本""健康第一"。此外,"终身体育"教育建立在"学会认知、学会做事、学会共同生活和学会生存"四个支柱之上,其实施不是某个单一教育环境所能进行的,需要学会整体参与,必须加强社会各种教育部门之间的紧密联系才能保证终身体育的真正贯彻和落实。

第二节 国外体育教育理念对我国的启示

一、国外体育教育理念的主要内容

现阶段,国外体育教育的发展也已经进入了一个新的阶段,很多新的体育教育理念的提出和实践均具有重要的教育教学意义,极大地推动与完善了当地体育教育的发展。美国是世界上体育发展和体育教育发展比较好的国家,这里主要以美国高校的体育教育理念为例,对其内容进行重点介绍和分析。

(一)重视竞技精神引领

美国大学普遍关注大学生的竞技体育精神培养,在高校,具有竞争精神并具有良好的竞技体育运动能力是大学生优秀素质的重要表现之一。

在美国传统高校体育教育中,体育是精英教育内容之一,是传统的贵族教育内容之一,美国精英教育以各种"贵族运动"作为本校的体育强项,是大学体育教育重点发展的体育项目。在美国各大高校,体育是作为未来的优秀人才,尤其是领袖人才的重要教育内容之一,尤其是在美国常春藤名校中,体育是这些高校选择未来人才的重要考虑因素。

根据对美国历届总统的教育背景资料对比分析发现,大多数总统都有着良好的高尔夫运动背景,并且他们都十分重视参加各种各样的体育活动,具有较高的体育运动能力和水平。体育活动为他们带来了丰富的人际交往关系。

纵观美国高校体育教育的发展,其从"世家特权"到"凭才取人"的转变,为美国高校体育向竞技体育转型提供了环境支持。

在针对高校大学生的体育教育方面,美国的竞技体育教育理念和我国的体育教育理念有着很大的不同,具体来说,美国高校注重"学生运动员"的培养,而中国高校则注重"运动员学生"的培养,理念完全相反。二者的教育结果就在于,美国高校大学生在学校受到了良好的体育教育,并促进了身心的全面发展,而我国高校大学生过于重视竞技运动技能的发展,有时甚至因为过度重视发展竞技体育而忽视了大学生的身心发展规律,对大学生的健康发展造成了一些非常不好的影响。

(二)体育是一种通识教育

在美国一流大学,体育是一种通识教育,体育的这一重要地位在各个高校中均有体现,简要分析如下。

哈佛大学重视学生的体育教育,将学生的体育教育放在同科学、人文、艺术和生活同等重要的位置,其在体育教育中充分坚持了没有运动习惯的人是不健康的人的观念。

杜克大学高度重视校园体育教育,并将体育教育理念贯穿于对本校一流人才培养的始终。

普林斯顿大学具有完整的学校体育教育系统与结构,为了发展学校体育教育,还专门建立了体育运动管理中心,并将其作为是学校整体教育机构的延伸,通过体育运动来贯彻通识教育。在培养学生运动员方面,普林斯顿大学重视校际体育运动比赛的参与,并将其视为通识教育课程内容。①

耶鲁大学通过竞技体育运动的承诺证明它的理念——重视对大学生的竞争意识和竞争能力的培养,要求每一个优秀的人才都应该带着自豪和荣誉去不遗余力地竞争,并要具备良好的意志品质能够坚持下去,提升义务感以及对他人的责任感,这些教育理念使得体育教育成为学校成就和品格的标志。

与美国高校体育的"体育是一种同事教育"理念相比,当前,我国高校对体育教育的理解和认识显然还不够深入,我国高校更多的是将体育作为一门简单的课程来组织和实施的,还没有充分认识到体育教育在教育育人中的重要地位,或者说即使认识到了但在具体的体育教育实践中也未能真正落实这种教育。

二、国外体育教育理念对我国体育教育的启示

国外体育教育理念中一些先进的体育教育理念对我国的体育教育具有一定的借鉴和启发作用,具体分析如下。

(一)重视细节,尊重传统

美国高校的体育教育中,重视体育教育的细节和教育传统,这种重视细节、尊重传统主要表现在对大学生体育精神的培养和体育文化的教育方面。

具体来说,在美国高校体育教育中,对大学生体育学习的关注方面,学校对学生的体育成绩进行了非常详细的记录和统计,

---

① 吴昱宏.美国大学体育教育理念启示[J].福建体育科技,2014,33(2).

并且记录和统计方式方法与内容丰富，涵盖视频、照片等多种资料，生动形象地全面展示了大学生的体育情况。

在体育文化和精神培养方面，美国高校重视学校体育运动队、协会的队歌、队旗、队服、队名等内容的继承，同时，也非常重视对外宣传、荣誉授予、名人堂设立等，这些体育相关内容及其有形或者无形的体育资产在为本校教师、学生服务的同时，也为球迷、校友、媒体等进行服务。这种校体育工作的开展方式与方法充分表现出体育的核心理念，也吸引着更多地人充分认识到体育的巨大吸引力和凝聚力①

相比之下，我国高校的体育教育工作还有很多不完善的地方，高校体育教育管理者和体育教育工作者对体育不够重视，不能很好地认识到体育的"育人"作用是一个非常重要的方面。长期以来，人们总是在理解体育科学化的基础上，常常采用生物学的观点来对学校体育的价值做出判断，并且过多地关注学校体育"增强体质"的功能。另外，随着商业社会的不断发展，实用主义对学校体育产生了重要的影响。在现实社会中，学校体育并没有注重对学生充分的情感体验和创造性的培养，对于学生的个性的发展也有所欠缺。

随着体育教学改革的不断发展，我国学者已经认识到，技术教育和体制教育并不能完全作为学校体育实践的重心，应该把重心从单纯地追求学生的外在技能水平向追求学生的全面协调发展转移。这些都体现出了更加注重学校体育目标的人文倾向是我国学校体育改革的重点。

新时期，要促进高校体育教育的发展以培养更多合格与优秀的现代人才，就必须提高对体育教育地位的重要认识，细致认真地做好高校各项体育教育教学工作，充分发挥高校体育教育的多元教育功能与价值。体育教育具有多元教育价值，应切实发挥体育教育的教育价值，增强学生身体素质、丰富学生体育运动知识

---

① 牛智伟.美国大学体育理念对中国的启示[J].太原城市职业技术学院学报，2014(10).

和文化,提高学生的体育运动技能,促进学生的德智体美等全面素质的发展,将每一个学生都培养成社会发展所需要的合格建设者与接班人。

(二)进取拼搏,广纳英才

美国高校的体育教育是一种开放式的教育,它不仅重视学生的教育参与,也重视整个社会的体育教育与高校体育教育的有机结合,充分保证了教育的全社会参与性。

在美国高校体育教育中,高校的重要教育特色之一是提供和组织场地,从事体育教育的人员更多的是聘请专业人员,这一特点和举措,一方面为学生的体育教育提供了高质量的教育,另一方面也为高校吸收高水平人才拓展了渠道,实现了广纳英才的目的,并从基础上保障了美国高校体育教育的一流水平。美国的众多知名高校,如哈佛大学、斯坦福大学、耶鲁大学、加州大学等,在奥运会中都有获得世界冠军的记录,这充分说明了美国的高校体育教育不单纯是高校教育的一部分,也是整个社会、国家体育的重要构成。

在我国,近年来随着高校体育教育的不断改革与发展,在高校体育与社会体育的充分结合方面,取得了一些进展,一些高校体育资源开始逐渐面向社会开发,对促进社会体育发展发挥了非常积极的重要推动作用,但是,整体来看,我国高校体育教育在壮大体育产业、发展群众体育方面还有很大的发展空间,高校作为体育教育和体育习惯培养的重要场所,在教育强国、体育强国方面还有很长的路要走。

(三)公正公平,规则至上

高校体育在构建和谐社会过程中起到至关重要的作用,是和谐社会建设和发展的基础。

美国高校体育教育重视大学生竞技体育精神的培养,在竞技体育的参与过程中,高校体育要求拼搏进取、与时俱进,为大学生逐渐形成健康的生活方式提供途径,为大学生全面发展提供机会和经验、积累和收获,为实现个体与他人人际关系的和谐提供了可能,有利于个体与他人形成一种人与人之间的公平、公正的状态。客观来讲,人作为一个独立的个体,在现实生活中发生一定的利益冲突,也能通过沟通和交流的方式加以解决。竞技体育就体现了这种人与人公平竞争,和谐发展的原则。高校教育中的竞技体育教育精神与价值观培养,可以促进整个社会形成一种良好的社会平等、和谐关系。

高校体育教育为校园和社会提供体育文化环境以及精神熏陶,公平正义、民主法治、原则至上与社会主义法治精神相吻合。社会体育需要大学体育的参与,更多的是在发展体育的基础上,通过体育精神和文化来促进全社会的和谐关系建立。

美国高校体育教育理念中有许多值得我国高校体育教育和发展学校体育、社会体育借鉴和学习的地方,但是必须充分注意到我国的基本教育国情和体育发展现状,对于美国高校体育的开放式教育不能一味地生搬硬套。

新时期,用高校开放性教育理念,加快体育改革步伐,是我国发展高校体育的必经之路。

第三节　我国高校体育教育理念的改革与创新

一、现代体育教育理念改革发展的突破点

（一）正视多元体育教学理念的存在与发展

在人类社会的发展过程中,随着人的认知不断深入与发展,许多新的观点和理念不断提出,在包括体育在内的教育领域,教育理念与观点的发展也是如此。在体育教学的发展过程中,有多种体育教学理念出现过,不同的体育教学理念之间既有相同之处,又有相互对立和矛盾的地方,但正是因为有这些争论与矛盾

的存在,才使得体育教学理念能够不断发展,不断突破,并更具活力。

不同的体育教育教学理念提出的教育背景不同,具有不同的侧重点,关注不同的体育教育问题,在不同体育教学理念同时存在的情况下,这些思想的代表者会相互指出对方的弱点和不足,并展示自己的优点与可取之处,这样这些理论之间就会相互借鉴与吸收对方的优点,并对自己的弱点和不足进行改善,对于体育教育教学实践的全面完善均具有重要指导作用。

现阶段,我国体育教育理念的改革与突破应建立在充分借鉴多元体育教育理念的基础之上,同时将不科学的没有实际意义的理论淘汰掉,更加突出具有现实意义的思想理论的重要性,使这部分理论进一步发展壮大,以不断丰富当前适合我国高校体育教育国情的体育教育理念体系的完善。

(二)结合体育教育理念的特点、规律和趋势来推动其改革与发展

一般来说,当一个教育现象和问题出现之后,会引起相关学者的关注与研究,并据此提出一些观点与看法,最终形成一种新的观念,从这一思想发展规律可以充分认定,体育教学理念具有一定的滞后性,因此要对社会的需求及时加以预测,及早对高校体育教育教学理念进行改善。

现阶段,我国经济发展迅速,人们生活条件在不断改善,因此逐渐拥有了更高层次的需求。随着社会的不断进步与发展,人越来越受到重视,教育对人的关注也成为一种必然。

随着我国高校体育教育教学改革的日益深入,越来越多的人逐渐认识到不能再单纯地将教育结果、知识传授看作是教育的一切,不再单纯对社会和集体进行高度关注,而开始将关注焦点转移到"人"身上,我们要提倡一种能够服务于人的全面发展的有价值的教育理念,而且该思想应该关注社会上每个个体的发展。

现阶段,我国教学改革的重要方向之一,就是对人性化教

育、人本化教育与教育的意义与价值方面的改革。"人本"教育理念不会将人分成不同的等级,不会歧视任何一个人,不会在培养人的过程中将人当成工具,它对每个人都是尊重的,强调人的全面发展和自我实现,它对学生的自我体验是高度重视的。体育的过程是培养学生的社会性活动的过程,在这一过程中,人既是教育的出发点也是最终的归宿点。如果教育缺少了对人的社会性的培养,则其就失去了其所具有的独立存在的价值和本质特征。

（三）根据体育教育理念的发展影响因素来促进其改革与发展

体育教学理念在不同的时期会表现出不同的特点,这与人的认知与社会客观发展环境有关。确切地说,理念是一定历史时期的产物,不同的历史因素必然会对其产生、发展及变化造成影响。

体育的发展受到各方面因素的影响,在体育文化现象发展基础之上的体育理念也受到这些因素的影响。首先,体育受制于政治因素的影响,在一定时期,由于社会政治的需要,政治制约着体育的发展。以竞技体育运动的发展为例,其作为塑造和再现民族形象的重要手段,能在很大程度上体现一个民族的威望,乃至一个国家的国际地位。其次,体育文化与社会经济的发展也具有密切的关系,并受社会经济发展的影响,体育最初是只有贵族才能接受和参与的教育形式和活动形式。相比之下,穷人为生计奔波,没有机会也没有金钱去接受体育教育和观赏体育活动。而在现代,经济比较落后的国家的运动员只能在简陋的条件下进行训练,其训练效果是不可能与经济发达国家的运动员相比的。最后,科学技术的发展也对体育的发展产生极为重要的影响。从某种意义上说,现代体育尤其是竞技体育运动的发展,已经逐渐演变成为一场"科技战争"。体育运动发展过程中的每一次记录的产生,都包含诸多的科技要素。

在政治、经济、科技对体育产生重要影响的大背景下,必须要及时防止体育教学理念受到上述这些因素的不良影响,同时将这些影响因素中的有利因素充分利用起来,使其推动体育教学理念的发展。体育教学理念的发展会受到社会因素的影响,所以我们要不断对新的社会需求进行探索与分析,并据此来加强对教学思想的改善,同时进一步引导社会的健康发展。例如,利用政策对一些有意义的体育教学法规进行颁布,科学贯彻落实体育教学理念。

此外,除了上述几个影响因素以外,理论发展因素也会影响体育教学理念的发展,针对这一点,必须要对体育学科理论不断进行研究,使体育理论不断丰富和完善,从而推进体育教学理念的发展。同时,还应对相关学科和国外体育理论的发展予以关注,将有益的思想积极引进高校体育教育中来,以不断促进我国体育教育理念与教育事业的发展。

二、现代体育教育理念改革发展的方向

(一)层次性和延续性方向发展

新时期,各种体育教育理念与体育教学思想不断涌现,这些不同的教育理念与教学思想在不同程度上都推动了体育教学的发展,如为体育教学的改革指明了方向,使体育教学改革步伐不断加快,促进了体育教学质量的提高。

就体育教育教学实践来说,教学对象是体育教育发展改革应该重点关注的对象,而不同年龄段的学生,他们之间在很多方面都存在着显著的差异,所以从教学指导思想在教学实践中的运用可以看出,体育教学理念缺乏系统性、连贯性,具体表现在各年龄阶段体育教学重点倾向性相似,教材的处理、教法的选用和组织安排不符合学生的身心特点及地区特点等,这些都对高校体育教育改革进程造成了一定程度的制约作用。

新时期的体育教育改革应该重视学生的长期、可持续发展,

在教育理念上,要重视教育的层次性与各阶段的延续性,通过体育教学的科学组织与实施,结合不同年龄段学生的特点为依据对相应的体育教学指导思想进行构建,使之具有鲜明的层次性,以科学把握教学改革目标和教学改革方向,进一步优化教学改革进程控制,不断促进高校体育教育育人的效果。

(二)人文教育和科学发展观方向发展

在我国素质教育改革的推动下,我国高校体育教学理念从唯"生物体育观"转向了"三维体育观"(由生物、心理、社会因素构成),这就使得体育在健身、竞技、娱乐、文化和社会等方面的功能得到了进一步的拓展,使我国体育教学在传授"三基"、增强学生体质的同时朝着多元化的目标和功能方向发展。

在充分借鉴和引进西方体育强国的休闲体育思想、快乐体育思想、终身体育思想等的基础上,我国体育教学理念得到了进一步发展。此外,在2008年奥运会成功举办后,人文奥运理念已深入人心,在一定程度上,奥林匹克运动也对我国学校体育的发展产生了重大的影响,未来学校体育会向着以人为本的方向迈进和发展,会更加重视学生的需要和全面发展,以"人文体育观"为核心的教学思想将会在体育教学中发挥更大的价值。

现代体育教育教学的发展离不开对人的关注,其重要的一点在于关注人的全面、可持续发展。

结合我国素质教育与国外人本体育,新时期的高校体育教育理念应将重点放在"重视学生综合素质教育"和"培养优质人才和促进人才的科学发展"两个方面。一方面,在现代学校体育教学改革发展形势下,体育教育只有改变以往的"知识型"人才的培养,转而走向"创造型"人才的培养的道路,树立全面育人的教育观念和意识,着重培养和提高学校学生的综合素质和能力,才能够最终实现素质教育的目标。另一方面,应不断强调教育的育人作用,通过体育教育促进现代人才的培养与科学、持续发展。使学生在校期间能接受正确的体育观念的教育,使学生得到锻炼身体能力的培养,使他们对体育运动对人体短期、长期的各种影响有一个深刻的认识,在观念上使学生把参与体育作为一种自觉的行为,作为成为现代社会人才的一种基本素质进行培养与提高。

(三)教育理念的综合化方向发展

21世纪以来,我国学校教育发展迅速,高校体育教育也要适应新时代的发展潮流,不断革新观念,以科学的、合理的、人性化的教育观念促进学校体育的发展,让学生在健康第一思想的指导下,获得身心的全面健康发展。

当前,素质教育是一种发展中的新的教育理念,它具有非常丰富的内涵。现阶段,我国素质教育还处于发展探索阶段,人们试图通过不同的途径,采用不同的教育理念去对体育教学实践进行指导,以使体育素质教育获得新的发展。

随着素质教育的不断推进,迫切需要从其他相关理论中对"合理内核"加以汲取和吸收,以不断丰富和完善素质教育理论体系。体育是教育的重要组成部分,其服务于人的全面教育,所以在学校体育教学中,应顺应素质教育的潮流,确立"健康第一","终身体育"与素质教育相结合的体育教学理念,在体育教学中,要始终将"健康第一","终身体育"的指导地位放在首位,这两个教育理念的作用和价值是不可轻易动摇的。只有充分认识到这一点,才能进一步深化素质教育改革。

总结来讲,素质教育离不开"健康第一""终身体育",前者是后者的发展基础,后者是前者的发展要求。

三、现代体育教育理念的科学创新策略

思想对个体的行为具有重要影响。传统体育要想在学校体育教学中获得根本上的进步必须要转变教学思想与教学理念。实践表明,只有在思想理念上做出创新,才能推动传统体育教学的改革,转变教学中不利于体育运动发展的一切困难与阻力因素。随着我国素质教育深入发展,创新我国高校体育教育的理性思考是学生及时掌握运动技巧和运动技能的重要途径,也是培养学生积极向上的人生观、价值观的重要策略。[①]

现阶段,实现体育教育理念的科学创新,应从以下几方面着手进行。

（一）更新传统体育教学理念

我国体育教育具有悠久的历史,在漫长的发展过程中,教育理念的发展几经变化与发展,在不同的时期都对体育教学的发展起到了重要的作用。在传统体育教学发展和改革的过程中,生物体育观是其基础。在新的历史时期,我国在人文体育观念的影响下,在教学改革中出现了"学习领域目标""课程目标"等一些新的概念。在教学过程中,对教学目标也进行了多方面的层次和类别划分,确立了"身体健康""运动技能""心理健康"和"社会适应"等立体化的多维健康的教育教学目标。

近代以来,我国的复杂社会背景下,我国教育与意识形态和政治之间具有较为密切的关系,在商业化不断发展、实用主义逐渐盛行的社会背景下,我国大学进行了人文教育与科学教育两种观点之间的论战,在很长一段时间内,科学主义主导下,高校体育教育明显的表现和呈现出科学至上的特点,并且政治化和意识形态化也较为严重。科学主义膨胀造成人文精神的萎缩,造成在教学过程中,教育的人文性严重缺失。

随着我国体育教育教学的不断发展,在我国改革开放社会经济转型的时期,素质教育被提上日程,人文精神逐渐在回归。在开展大学管理、教学等方面的活动时,僵化的行政观念模式正在逐步松动,并且处处体现着人文关怀的印记。在教学过程中,体育课堂从教师示范、学生学习与练习的循环中解脱出来,并将其

他所需要达到的目标穿插其中,从而让教学环境变得更加生动,学生的体育学习和参与兴趣积极性不断提高。

21世纪,我国学校体育正在等待一个尊重个性、回归人性的时代的来临。在这样的时代环境下,学生学习体育知识不再承受痛苦和沉重的负担,而是为了展现自我、弘扬个性、满足自身享受快乐的需要。

新时期,我们对体育教育理念也应有所转变,应以终身体育观为出发点,对体育教育的认识从低级走向高级,由封闭走向开放,由单一走向多元,由局部走向整体。[①] 在创新教育理念的指导下,应充分强调教育理念的创新性和时代性,从提高创新素质、塑造创新人格、培养创新人才出发,对体育教育规律及特征理性的认识与判断,使体育教育理念与思想更具系统性、指导性、时代性和创新性。

（二）融合多元体育教学理念

在体育教育的发展过程中,诸多体育教育教学理念被先后提出,这些体育教育理念并非都是先进的教育理念,有些教育理念只在特定的历史时期对体育教育起到重要的推动作用。全球化背景下,各种思想文化处在不断的发展和融合之中,教育思想也呈现出这一发展趋势,随着我国改革开放的深化进行,我国的学校体育教学思想呈现出多元化的发展趋势。

随着社会和时代的变革,不同教育理念对体育教育的指导作用也会表现出不同的促进或者阻碍作用,对此应科学分析、批判继承与发展。

从我国教育理念的发展来看,例如,我国早期的军国民体育思想,在内忧外患的特殊时期对我国体育教育发展起到一定推动作用,其中有关磨炼学生意志的训练模式,应该继承,而那些苛刻的不符合人性化思想的东西我们应该摒弃;自然主义体育教育理

---

① 苏林威. 浅论体育教育理念的转变[A]. 北京中外软信息技术研究院会议论文集[C],2015.

念中那些顺应自然规律的教育理念,有利于人性发展的观点值得我们继承,而可能造成放羊式教学的内容,应坚决摒弃;运动技术技能教学思想中有利于知识技能传授,促进学生体质增强的东西,要努力学习,但同时要注意体育课不等于技能训练课,不能一味强调技能学习与训练。

从国外教育理念的发展来看,以科学主义教育思想与人本主义教育思想发展为例,科学主义教育思想对经济社会的发展具有重要的促进作用,符合社会发展的主流趋势,随着教育价值多元性逐渐被人们深刻的认识,人本主义教育思想逐渐呈现出与科学主义教育思想相融合的趋势,现代人本主义教育思想得以确立,其关注学生的健康全面发展,值得在新时期的高校体育教育改革与发展过程中进行思考与科学教育实践指导。

从国内外教育理念的不同来看,受多方面因素的影响,国外与我国体育教学思想之间存在着较大的差异性,因此,比较与融合中外不同的体育教学思想,指出二者之间的差异性非常有必要。通过对比,我们既要吸收外国体育教学思想中优秀的部分,又要摒弃其糟粕;既要总结我国体育教学优秀的思想,也要放弃不合时代的内容,同时还要比较中外文化背景差异性,比较中外体育教学思想的共性与差异性,从共性中寻找结合点,从差异性中寻觅不同的功能,把中外体育教学思想有效地整合起来,进一步完善我国体育教育理念的内容,从而促进我国高校体育教学的不断发展。

(三)体育知识(技能)教育与文化(人文)教育的整合

体育知识(技能)教育是以体育知识(技能)为本或为中心的体育教育;体育文化(人文)教育是一种由内容到层次都很丰厚的体育教育。

现代体育教育理念关注学生的全面、科学、可持续发展,关注高校体育教育教学的全面、科学、可持续发展。在具体的高校体育教育实践中,不仅要向学生传授体育知识(技能),更要传承体育文化(人文)的精髓,使学生在学习和参与体育过程中,产生对体育与体育文化的认同,提升体育与体育文化的自觉、自信,把体育融入日常生活,成为一种"新常态",并进一步实现"终身体育"。①

① 张勇平.论体育教育理念的转变与更新[J].湖北师范学院学报(自然科学版),2016,36(4).

第四章　高校体育教学实现途径及发展探讨

高校体育教学是一个系统化、多元化的整体。从教学的实现途径中,我们能发现高校的体育教学也在随着时代发展而改变。本章将从体育教学方法、体育教学模式和体育教学设计来研究高校体育教学的实践途径。

第一节　体育教学方法与发展

一、体育教学方法概述

(一)体育教学方法的概念

体育教学方法的概念定义是十分复杂的。体育教育包括体育课程、体育锻炼、运动训练等;而体育教学有着众多的方法,所以体育教学方法的概念定义上有很多争论。

本书在查阅相关资料、借鉴众多学者对于体育教学的研究后,将体育教学方法给出定义。学校体育教学方法的概念是在体育教学过程中,为了实现体育教学目的或达到体育教学目标,由体育教师所采用的所有可操控性的教学方式、途径和手段的总称。

(二)体育教学方法的分类

体育教学方法的分类依据多种多样,这主要是因为体育教学方法本身有不同的层次、种类和方式。不同的分类方法都是从某个角度或某个层面来分析体育教学方法的,经过了在长期实践和研究过程中的积累,逐渐形成了一个内容丰富、种类繁多的体育教学方法体系。

1. 依据师生活动分类

因为教师和学生在教学中有着不同的分工和角色,所以体育教学方法可分为教授法和学习法,有些学者同样是依据上述理由,把教学方法分为指导法和练习法,这种分类十分普遍。

这种分类重点分明了教与学的区别,有利于体育教师明确教学活动,也利于学生重视练习。这种分类还能较好地揭示教学的本质分类方法,既突出教师主导地位与学生主体作用的关系,又能体现出育人的功能。

2. 依据教学内容分类

根据教学阶段和教学内容的不同,体育教学方法可分为传授知识的教学方法和传授技能教学的教学方法,还可分为身体锻炼的教学方法和道德教育的教学方法等。

这种分类的优点是将体育独特的传授技能与传统学科的知识传授加以区分,有助于体育教学理论的研究。但这种分类比较笼统,对于一些既涉及知识又涉及技能或既涉及身体锻炼又涉及思想教育的教学方法难以界定,在具体内容上不容易表达,学生不容易理解。

3. 依据教学目标分类

根据不同的教学目标,能把体育教学分为传授与了解体育知识理论、掌握动作相关技巧、提高身体素质、加强思想品德教育这几大类的教学方法。

这种分类的优点是能让学生直观了解到体育教学目标,能够在明白锻炼的意义后自觉投入到学习中。

（三）体育教学方法的特点

1. 身体练习是主要手段

体育教学方法直接让学生参与各种身体练习,这是其最主要的特点。身体练习中在重视对于学生身体的锻炼的基础上,也反映出教师在体育教学中的方法和手段。

体育教学方法直观反映了教师对体育教学内容的认知能力,这种信息传达给学生就是通过身体活动与思维活跃的充分结合,掌握体育知识、技能、方法和能力,形成正确的体育锻炼态度、习惯、情感、价值观,进而逐渐养成体育锻炼的习惯。

2. 多种感觉器官共同参与

体育教学实践中,师生双方要通过眼睛、耳朵和嘴等器官来传递信息,当教师发出口令后,学生要在中枢神经系统的指挥下,通过听觉、触觉等感官活动来掌握个人的动作行为,控制身体的活动,把控发力的大小,身体移动的方向和幅度,进行全面的掌控。体育教学方法比其他学科的教学方法更需要运用多种感觉器官共同参与。

3. 具有运动负荷要求

所有的体育教学方法使用后都会让学生形成运动负荷。机体承受了负荷刺激,身体素质和健康状况才会有相对应的提高。在学生参与各种体育活动时,身体的运动系统、神经系统、呼吸系统、心血管系统等参与工作,产生了相应的生理负荷和心理负荷。运动刺激的大小在某种程度上能看出学生运动是否有效,而且教师能间接看出制定的教学方案是否合理。

4. 时空功效性

在教学中的每个阶段,安排的内容都有目的性,而师生之间的关系与角色随着每个阶段不断变化。比如在某些项目教学的初始,教师处于主导地位,随着时间的推移,学生对内容的把握不断加深,久而久之学生逐渐成了教学中的主导。在开始阶段,学生学习的动机、兴趣、欲望等需要老师想办法去引导、去激发。在体育教学方法的运用下,学生能够理解和掌握体育知识理论与体育动作技巧;学生在练习中,通过思维上的感知去理解和掌握相关的知识,最终掌握技术动作。

概括地说,就是在体育教学的不同阶段,体育教学方法都发挥着其应有的作用,这是体育教学方法的时空功效性特点。

5. 表现因素具有综合性

从外观上来看,体育是身体的运动;从整体来看,是身体活动和精神思想的综合体现。在运动过程中,学生为了完成技术动作采取了一定的方法和手段,也有同学之间在体育技术上的知识探讨和情感交流,这些多方面的表现使得学生在体育学习中获得思想道德、品质、审美能力的全面灌输。所以,体育教学方法在体育课中实施要注意学生表现的综合性,是体力与智力、情感、品德活动相结合、相统一的过程。

6. 运动与休息合理交替性

体育教学的过程中,经历了运动刺激后,会出现一定的疲劳感,疲劳程度与训练刺激程度成正比。出现疲劳后,往往会造成注意力不集中,教学质量下降。在一些耐力训练中,学生的体能被大量消耗,为确保学生能及时恢复,投入到之后的生活与学习,在课程的最后时间有必要进行积极的休息活动。

学生学习新技术动作时,对动作的认知、理解和记忆,一定程度上会有脑力活动;通过身体活动,则让机体的能量消耗加剧,身体器官感到疲劳。随着加大运动量,产生更大的负荷,会对学生产生一定的负面作用。因此,在体育教学的方法上要注意劳逸结合,使学生的身体疲劳能够得到及时恢复,保证之后的学习与生活正常进行。

7. 继承发展性

经过多年的积累、发展和创新,体育教学方法在体育教学实践过程中逐步确立发展框架,形成了内涵丰富的体育教学方法体系。很多教学方法经过时间的沉淀和洗礼仍然经久不衰,在多年的教学过程中依旧体现出价值。这些有效的教学方法也经历着一代又一代体育工作者的总结、整理和完善,不断革新,呈现出时代特征。

在教学实践过程中,在继承传统经典教学方法的基础上,随着科技发展和学生思想的渐变,在经过不断探索和实践后,一些新的教学方法会随着时代潮流而诞生,这使得体育教学方法的体系不断完善。

世界上不同国家有着不同教学方法,要做到根据客观事实去掌握教学方法,不能过度迷信于某种体育教学方法。我国体育教育工作者应以扬弃的哲学为本,大胆改革创新,顺应新时代新潮流,在体育教学具体实际的基础上,对教学方法进行开拓与发展。

(四)体育教学方法的价值

1. 推动实现体育教学任务

在体育教学的过程中,体育教师与学生不能没有交流,必须要有互动。而互动的方式就可以是在教学方法的实施上。科学有效的体育教学方法有利于师生双方的紧密联系,这种联系有利于体育教学目标与任务的实现。倘若体育教学方法没有科学性和实效性,那么体育教学任务就难以实现。

2. 营造良好的教学氛围

好的体育教学方法能够促进学生积极参加体育活动,不断促进他们的体育动机,这也有利于营造良好的教学氛围。在此契机下,有些不爱运动的学生往往也被吸引过来,主动跟着其他同学一起参与到体育学习中,从而形成一种班级体育文化,大家一起运动。科学的运用各种体育教学方法,能够让师生之间更加信任,学生们认可老师后主动跟着老师学习,老师也愿意把自己所知道的东西全部教授,从而营造出和谐美好的教学氛围。

3. 促进学生身心的全面发展

运用合理的体育教学方法对学生的身心发展是极为有利的。反过来说,错误的体育教学方法会对学生产生消极影响,对学生身心的发展造成阻碍。在体育教学活动中,体育教学方法的选择和运用通常也是学生体验与尝试相关技术动作的过程。所以,教师在传授方法与原理的基础上,更重要的是让学生切身参与到实践中,保持学生身心的全面健康发展。

体育具有独特的价值,体育教学方法能够培养学生的个性发展、锻炼学生的意志品质。因此,科学的体育教学方法能够积极影响学生身心的全面发展。

4. 有利于体育教学质量的提高

体育教学方法的合理运用能够利用到所有主观和客观条件,进一步引导学生积极、主动地参与到体育学习,有了主动地意识后要促进学生的学习效率,最终促进体育教学质量的提高。而如何提高教学质量,就要动脑去研究了。比如在长跑教学中,由于内容太过于枯燥,如果照本宣科的进行,恐怕得不到学生的支持,更多的是学生无奈和压抑的表情,教学自然不会收到效果。如果采取特别的办法,比如采取竞赛的方式,前 3 名有奖励,可能就会大大促进同学们的热情,提高教学质量。

(五)体育教学方法的原则

1. "教"与"学"相统一

体育教学方法是"教"与"学"的有机统一,是教师与学生间的有效交流，"教"和"学"这两方面的内容的统一始终贯穿于体育教学之中。通过"教"与"学"的统一性，显示出体育教学方法的价值和作用。体育教学在某种程度上就是"老师传授"和"学生学习"这两个方面的内容。教师在体育教学中采用的一切体育方法和手段都是为了学生能够学有所成。因此学生在课上要与教师紧密沟通，精诚协作，这样教师制定的目标和任务才能圆满实现。

2. 师生双方的动作行为的总和

体育教学方法能在师生互动中得到贯彻与实施，因此体育教学方法是师生双方的动作行为的总和。与其他学科相比，体育课在教学过程中在语言讲解的同时，更加注重肢体动作的活动。体育教学中，各项技术动作都需要教师亲自讲解、示范，之后学生进行模仿、学习，反复实践，直到最终掌握。

3. 教学方法与教学目标不可分割

体育教学方法在体育教学中是一个重要环节，教学方法与教学目标具有不可分割性。如果教学方法与教学目标脱离开来，那么体育教学方法就失去了方向，而体育教学目标也会因为没有方法而无法达成和实现。

所有的教学方法都有针对性和目标性，如果没有教学目标，那么一切教学方法的传授就毫无作用。体育教学方法是为了实现教学目标而出现的，一切方法与手段都是为了尽早实现教学目标。

4. 功能多元化

现代体育教学不仅关注学生的身体健康，还注重学生的心理健康、意志品质、个性养成等均衡发展，讲究素质教育。因此，体育教学方法有着多元的功能性，不仅能够增强学生的运动能力，还能够全面培养学生的思想道德品质、心理素质等方面的发展，对于学生的全面均衡发展具有重要意义。

二、常见的体育教学方法

（一）语言教学法

语言教学法是一种常见的教学方法。在体育课中，教师用语言讲解的方式对学生进行指导，引导学生理解并掌握体育技术动作，最终实现教学目标。

以体育教师的视角来说，能够简单明确、生动形象地讲解教学内容，就能大大促进学生对动作的掌握。规范使用语言，学生能够更快地、更容易地理解学习目标和学习任务，进而更快掌握相应的知识和技能。使用语言的过程中，教师注意语言的表达，掌握讲话的技巧。语言教学法的运用形式有讲解、口头汇报、口头评价以及口令和指示等。

1. 讲解法

讲解是指教师在体育教学中对动作的技术要领、操作方法和规则要求等方面向学生进行叙述。通过教师的讲解，对学生在运动技能的学习和掌握方面具有鲜明的指导作用。

2. 口头汇报法

口头汇报是教师直观了解教学效果的重要方法，也是师生交流的一种形式。通过口头汇报教师能充分了解学生对于技术动作掌握了多少。阶段教学结束之后，教师往往会向学生提问题、下指令，学生向教师诉说学习心得，对于教学内容、教学方式和疑难问题等相关方面的问题直接向老师如实汇报。

运用口头汇报法，教师能够发现教学中的问题和不足，能够发现实行的教学方法到底对学生有着怎样的影响。学生的汇报是老师提高和改进教学方案、教学内容的依据。以学生的视角来说，向老师交流首先可以锻炼语言表达能力，这个对于大学生来说是一种很好的锻炼;同时,在汇报的过程中也是一个头脑思考的过程,能对教学内容加深印象。因此,口头汇报对师生双方都有好处,不仅有助于师生双方的素质提高,还有助于整个班级形成良好的体育教学氛围。

3. 口头评价法

口头评价是教师在学生完成动作后根据完成的情况以及课堂表现给予相应的评论。教师的评价能让学生认识自己的学习状况,更好地投入到接下来的学习之中。

口头评价包括积极评价和消极评价。积极评价即为对学生的正面评论,体育课中学生有好的表现自然会得到教师的赞扬。积极评价能激发学生的主观能动性,提高他们的积极性和参与热情,对于教学内容的进一步开展具有积极促进作用;消极评价往往是在学生出现错误时产生,这时老师或直观或委婉的指出学生的不足,让学生直接或间接地知道该如何去改善。教师应注意的是,在进行消极评价时往往要控制住语言和语气,不能对学生进行心理打击,更不能出现恶意中伤等违反师德的行为。

4. 口令指示法

体育课中,教师会下达多种口令和指示,如"稍息""立正""预备,跑"等。发出的口令是为了让学生紧张起来,全神贯注,有利于教学的展开。

教师下达口令要注意两点。首先要把握时机和节奏,一定要在学生处于安静的状态时发号施令,如果学生没安静就发出口令容易造成每个学生的动作不一致,达不到效果;二是发音要洪亮有力,不能有气无力,不仅要让学生听得清楚,还要让学生有一种立即执行的压迫感。

(二)直观教学法

直观教学法是一种让学生直接接触到教学内容的方法。通过学生的感知能力,引起大脑记忆,做出相应的动作,最终达到教师的教学目的。

实践证明,人类在认知新事物、接受新思想的时候都是从感觉器官开始的,所以直观教学法可以让学生相对快速地理解新的教学内容。直观教学法的应用形式主要包括动作示范、条件诱导、多媒体技术、教具和模型的演示等。

1. 动作示范法

动作示范是教师亲自演示技术动作,引导学生对技术动作进行全面理解和掌握。在一个完整的教学过程中,不一定只是老师进行动作示范,学生掌握了之后同样可以进行动作示范。

2. 条件诱导法

条件诱导法也是一种直观教学法。这种方法以某种条件为诱因,学生在诱因的作用下积极性被调动,进行相关技术动作,反复练习后掌握技术动作。例如进行健美操的学习时,通过音乐伴奏或喊口号,能够促进身体的节奏感;打长拳时进行语言提示,使得学生记住动作,让整个套路流畅进行。

3. 多媒体技术法

视频、幻灯片、投影等多媒体技术近年来广泛应用于教学之中。在运用相关多媒体设备时,要注意根据教学内容和教学目标安排播放的资料,通过相应材料上的内容进行技术动作的练习。

4. 直观教具与模型演示法

在教学过程中,随着动作难度的不断加大,有些高难度的动作教师一个人很难顺利完成,这时可采用图版、照片和模型等直观方法进行辅助教学。通过运用这些教学工具,配上教师的讲解与教学,学生能够理解相应的技术结构和动作形象,这就达到了教师采取这项教学方法的初衷。

(三)完整教学法

完整教学法指的是动作从开始到结束,进行完整地教学和练习的方法。完整教学法的优点在于直接完成一整套动作后可以体现出动作整体的协调与完整,能看出各个环节联系的紧密性。这种方法的缺点不适用于比较复杂的动作,因为复杂的动作中采用这种教学方法往往会让学生在对运动的理解上产生偏差。

(四)分解教学法

分解教学法就是把一整套动作分解成好几个步骤,使学生逐一学习,在分别学习掌握后再把所有动作连在一起,最终掌握完整的动作技术。这种方法适用于难度相对较高,并且可以将动作拆分成好几步进行的运动项目。

分解教学法的特点是化繁为简,优点是进一步降低技术难度,更便于学生对整体动作的学习和把握;缺点是过度重视局部动作的分解,使得学生对于动作整体的联系没有足够的重视和认知。因此,在有些动作内容上经常采取分解教学法和完整教学法相结合的方法。

(五)预防与纠错教学法

预防与纠错教学法是针对学生在练习中出现的动作不规范等情况,采取一定的措施和手段,及时纠正学生的动作错误,并防止其再次出现。虽然人都会犯错,但通过控制和预防,是可以降低出现错误的频率,并逐步改正错误的习惯的。在教学过程中教师应正确对待学生出现的错误,并注意进行有意识地引导和纠正。

预防与纠错方法的运用形式有以下几种。

1. 语言表述法

为了使学生形成正确的动作观念,应注重动作细节与要点描述的准确性,使学生能够明确理解各技术动作的标准和结构顺序,最终能够使得学生建立正确的动作意识。

2.转移法

有些学生因为受到心理因素等干扰,如以前其他的运动技术影响而形成错误动作。这时要采取一些诱导性、辅助性的练习,将学生从错误的动作中转移回来。

3.限制练习法

在体育教学中,对于动作中的某个条件进行限制,有助于错误动作的纠正。例如,练习篮球的投篮时,为了培养学生正确的投篮姿势,可让学生做出投篮动作,固定一段时间,不让其拿到球,这样的限制动作能让学生固定正确投篮姿势,形成正确投篮动作的习惯。

4.自我暗示法

自我暗示法是学生在进行相应的动作练习时,为了形成正确的动作定型,在练习中有意识地暗示自己达到要求的方法。例如,在奔跑练习中要暗示自己注意后腿充分蹬地,加大步伐;再如练习抛实心球时,学生可暗示自己掷球的动作要标准,使得自身的投掷动作准确无误。

5.外力帮助法

一些力量性的运动项目中,学生发力的部位、大小、方向和幅度不清楚,往往会出现动作错误,此时老师可以采取顶、推、送、托、拉等外力作用,辅助学生产生正确动作的感觉和记忆。

(六)游戏教学法

游戏法,顾名思义,就是用游戏的形式进行体育教学。即在游戏中教师要亲自制定相关的规则,充分发挥个人主动性和创造性,以游戏的形式带动学生进行某种技术活动的方式。

体育游戏多种多样,各具特点。体育游戏是根据体育中的某项内容展开,组织学生的游戏活动,采取突然变化或偶尔变化的条件,以完成身体的某项活动为目的,以达到目的为教学目标的基本教学活动。

游戏对具体的行为方式并没有详细规定,学生的活动具有广泛的独立性,对发挥他们的主动性、创造性、积极性及提高自我控制的能力具有很好的作用。通过学生之间的对抗,形成一种竞争的关系,这能充分培养学生的道德品质;由于游戏中个人角色的选择性比较自由,导致教师要在游戏运动负荷安排,以及操作控制方面做足文章。

三、体育教学方法发展

(一)体育教学方法发展趋势

1. 现代化

在体育教学的改革发展中,体育教学方法呈显著现代化的特点。首先是教学设备的现代化,随着科技发展,教学技术手段更加先进,运用新设备,教师更容易进行教学,学生更有兴趣参与学习。随着现代社会的发展,体育教学各项技术的革新与发展,其教学方法也必然呈现出现代化的发展趋势。

2. 个性化与民主化

随着时代发展,体育教学方法在发展与改革中逐渐注意到了学生个性的发展,体育教学方法发展成个性化的趋势。个性化的教学方法对于体育教学有着积极的意义,能充分发挥学生的个性,能让他们成为教学中的主导,在教学的舞台中尽情展示自己。通过改革,教学方法的民主化也顺应时代而生。随着民主化意识的崛起,民主化的体育教学方法也逐渐得到快速的发展。

3. 心理学化

高校体育教学中,学生的动作实践是建立在理论知识的基础中的。学生既要学习理论知识,还要记住动作技术的顺序和要领。在体育教学实践过程中,对于学生进行心理素质是十分重要的。在体育教学方法的发展过程中,加入了心理学的研究成果,这对于提升教学效果具有重要的意义。另外,体育教学还肩负着培养和发展学生的良好意志品质、促进学生的心理健康等方面的重要作用,通过运用相应的心理学方面的方法,能够更好地达成这方面的目的。

(二)学校体育教学方法未来探索

1. 优化传统教学方法,创造新的教学方法

在体育教学中,教师不能故步自封,犯经验主义的错误,要对现有的传统教学方法进行优化。传统教学方法虽然有一定的局限性,但也决不能忽视其本身的价值。优化过程中,基本要求是要紧靠体育教学目标,使教学方法彰显出多彩价值,但也要注意不能为了追求教学形式的多样化而脱离教学实际、偏离教学目标。

人类进入到信息化的发展阶段,这为体育教育方法改革营造出了新的契机。学校要集合各种优势资源,积极尝试信息技术与体育教学的整合。例如可以基于信息技术进行电脑示范,基于校园网进行网络教学,推动学生课下也能主动学习,这都是新的教学方法的尝试。

当下,一些老的体育教师要早日转变教育思想观念,在继承与发扬传统教学方法的优势的前提下,尽全力创新学校体育教学的方式与方法,进而更好地服务于实践中,全面推动学生的身心实现全面健康发展。

2. 培养学生的创新意识

在日后的体育教学中,在运用新的教学方法中,培养学生的

创新意识也十分必要。在教学方法的创新中,教师要与学生的实际需求有机结合,通过抛砖引玉引导学生积极思考、独立解决问题,达到举一反三,形成主动学习能力和主动思考能力。

3. 促使学生全面均衡发展

我国倡导素质教育的观念,高校体育教学方法创新的基本要求是学生的全面健康发展。学校要把握学生的全面均衡发展,保证学生全方位的体育素质教育。在体育教学活动的过程中,教师要尽力去熟悉和了解每名学生的个人情况,充分挖掘他们的潜力,找到每个学生的闪光点,找到他们的发展需求和前进方向,让每位学生都能够有收获和成长,从而爱上体育运动。

在学生全面发展的大背景下,体育老师要顾及的因素还有很多。比如在选择相应的教学方法时,不仅要能让学生学会体育技能,还要学习到做人做事的道理,把求知、审美、健身以及娱乐等方面密切结合,通过体育形成正确的价值观和人生观。选择教学方法一定要遵循理论联系实践,把教材上的方法融入学生的实际,同时充分联系课内与课外,让学生在课外也要形成体育习惯,这样才能推动学生实现多个方面的和谐统一,实现全面均衡发展的最终目标。

4. 强调教学活动有机统一

教学方法创新是未来的体育教学主题,而未来体育教学方法的特征之一就是各项教学活动有机统一。从本质来说,教学过程主要是师生互动的过程,倘若只有教师进行主导,没有学生进行配合,则不能称之为体育教学活动。反过来说,只有学生自己活动却没有教师进行指导的体育活动,肯定不能被称为体育教学活动。

一次成功的体育教学,需要教师能够很好地处理自己与学生、教材、内容、手段和方式方法的关系,特别是在创新教学方法的同时,首先要结合学生的实际需要。因此,师生之间步伐要一致,大家群策群力,共同参与到体育教学活动中来,达到教与学的统一。

5.提升教师队伍建设水平

（1）提升专业素养

体育教师是一项神圣的职业，随着高校体育事业的发展，教师的体育专业素养需要不断加强。各个学校都会建立起体育教师资格上岗机制与培训机制，除在新老师入职时对他们进行必要的岗前培训外，还要在教育部门的组织下集结所有体育部的人员，根据不同的教学阶段，适当频率进行进修培训。通过各项措施，逐步搭建教师成长平台，提升体育教师专业化素质，优化教师队伍。

（2）优化素质结构

当今，信息发展进入到了"互联网＋"的时代，学生和老师在获得信息的速度上具有同步性，这对教师在更新教学内容和创新教学方法上提出了更高要求。体育教师要增强体育教学的吸引力，要进一步优化自身的素质结构，与时代潮流接轨，和学生建立起良好的氛围，以适应新时期体育教学的需要。

第二节　体育教学模式与发展

一、体育教学模式概述

（一）体育教学模式的概念

与体育教学方法一样，体育教学模式在概念上的论述也不统一，相关专家和学者都有着自己的观点。《教育大辞典》中对教学模式的概念是这样定义的："教学模式是反映特定教学理论逻辑轮廓的、为完成某种教学任务而设计的、相对稳定而具体的教学活动结构。具有直观性、假设性和完整性。"

本书在参阅了不同专家的研究成果，对体育教学模式的概念进行如下定义。体育教学模式是根据特定的体育教学思想，根据客观的认知规律、教育规律、体育教学规律、学生身心发展规律、机体的适应性规律、动作技能形成规律以及教学条件而设计出来的有着相对稳定的体育教学过程结构和体育教学方法体系的教学程序。

（二）体育教学模式的构成要素

体育教学模式具有系统的结构，主要由以下几个要素构成。

1. 体育教学理论或体育教学思想

体育教学理论或体育教学思想是构成体育教学模式的深层次因素。体育教学模式的建立，相关的教学理论或教学思想指导作用是必不可少的，所有的体育教学模式都有各自的理论基础或思想核心。

2. 体育教学过程结构

教学过程结构是体育教学模式的核心构成部分之一，它通常包括教学的操作程序、教师和学生的活动方式等，在体育教学过程中可以体现出来。各种体育教学模式都具有独特的教学过程结构。

3. 体育教学方法体系

体育教学方法体系是体育教学模式中的另一个核心部分。普通的体育教学模式都具有和教学思想相对应的教学方法体系。因此，教学模式的成立还取决于相关体育教学方法的创建和重组，在教学过程中体现出特点。

4. 体育教学条件

体育教学模式必然会运用于与之相匹配的体育教学条件，组成体育教学条件的有教师水平、学生的学习基础、教学场地器材设备等软硬件设施等。

（三）体育教学模式的基本特征

1. 理论性

体育教学模式将与之相关的体育教学理论和教学思想作为其构建的依据,将这些理论性和思想性的内容转化为具体的表现形式,体现出理论与实践的统一。这种理论转化为实际的过程是通过体育教学模式的具体方式去实现的。

2. 直观性

体育教学理论的内容十分抽象,基本靠个人的意会。而体育教学模式具有直观性的特征,它以简单、直观的方式去呈现出某种教学理论和教学思想。

3. 整体性

体育教学模式是一种整体性的体育教学系统,在体育教学理论或教学思想、体育教学过程结构、体育教学方法和手段等方面与体育教学有着一致的功能,充分体现了系统论的方法。它还将部分功能加以整合,达到整体功能的效果,是教学效果优化后的成果。

4. 稳定性

虽然不同的体育教学模式具有不同的教学过程结构,但是每一种相同的体育教学模式其教学过程结构是相对稳定的。比如在高校体育课中经常采用一种惯用的教学模式,如果与教学条件、教学对象、教师教学水平相适合,其产生的教学效果基本是固定的,所以体育教学模式具有一定的稳定性。

5. 可操作性

所有成熟的体育教学模式都具有可操作性。体育教学模式在教学过程结构的基础上具有操作程序和方法体系,这些程序和体系都是教师通过长期以来的教学实践反复验证得出的,通过反复实践可以证明体育教学模式具有可操作性。

二、常见的体育教学模式

(一)体育技能学习教学模式

体育技能学习的教学模式在高校体育教学中是一种最常见的教学模式,它以体育教材中的相关项目的教学理论为基础,主张在遵循运动技能掌握的规律的基础上安排体育教学过程的教学思想和教学模式。

(二)快乐体育教学模式

近年来,在国外的快乐体育思想下逐步形成了一种新的教学模式,这就是快乐体育教学模式。快乐体育教学模式主张让学生在掌握运动技能和进行身体锻炼的同时,能够充分体验到运动带来的快乐,并因为快乐能给学生带来积极的情绪,逐步发展成体育兴趣,进而主动形成终身体育的意识和习惯。该体育教学模式主要从人体的心理变化规律入手来设计体育课的教学。

(三)情境教学模式

情境教学模式是教师根据一定的教育思想、教学理论及学习理论等的指导,结合课程内容与目标设置一些有价值、有作用的情境,用这些情境进一步调动学生主动学习的热情与意识,营造出良好的学习氛围,让学生在学习中扮演不同角色,处理场景中可能出现的状况,达到增强教学效果、提高学生学习效率的作用,从而实现教学目标。

(四)小群体学习体育教学模式

小群体学习教学模式也被称为小集团教学模式,这种教学模式的背景思想有些复杂,但其基本思想是试图通过体育教学中的集体因素和同学间交流的社会性作用,通过学生间的交流互助来提高学习效果,提高教学质量,让学生逐渐培养出兴趣爱好,并达到对学生社会性培养的目的。要指出的是,小群体学习的模式与区别对待分组教学不一样,区别对待分组教学的目的是提高学习效率、帮助有困难的同学,二者之间有着本质区别。小群体学习模式主要根据体育教学中的集体形成和人际交流的规律来设计教学过程。

(五)发展体能教学模式

体能是学生进行一切体育活动的基础,而发展体能教学模式是教师在以加强体能为教学目标的情况下,发展学生体能素质的教学思想指导下的教学模式,强调按照人体的生理变化规律来设计教学过程。

(六)成功体育教学模式

成功体育教学模式的主要运用对象是体育基础比较差的学生,主张让这些同学也能享受到运动的魅力,能够超越自我,树立自信心,能让他们改变对体育消极的思想,形成良好的体育观。

该教学模式具有很多特点。一是主张让学生在多次失败的积累下最终体验到成功;二是既重视团结协作的精神但也要强调竞争意识的培养;三是主张将相对评价与绝对评价相结合;四是主张营造既紧张刺激又和谐温暖的集体学习氛围;五是强调我能学、我愿学、我会学的体育学习效果。

(七)自主性的体育教学模式

自主性的体育教学模式强调以学生为主体,充分尊重学生的自主性和自发性,充足给予学生自由的空间和资源进行自主学习,摆脱传统的强制性的教学,将传统教学课堂转变为学生积极活泼的主动参与教学,从而提高体育教学质量,达到教学目标。

这种教学模式一般在高校体育课中很少使用,但也不是没有。高校中,有的老师会在期末考试评价完毕后的剩余课时采取这样的教学模式对一些主动积极的学生传授一些新的知识。

（八）选择式体育教学模式

选择式体育教学模式在学习内容、学习进度、学习手段、学习方式、学习难度等因素方面,给予学生充分的自由度,让其自由选择。这种做法可以调动学生的学习积极性和主动性,满足了不同学生的不同需要,并在独立自主的学习过程中形成符合自己学习能力的教学模式。

（九）领会教学式的体育教学模式

领会教学式的体育教学模式是西方教育的一种教学模式,是由英国学者嘉宾等在 20 世纪 80 年代提出的。这种教学模式最初是用来改造球类项目教学的教学过程结构,试图以整体入手进行教学课程的安排,改变以往只强调动作技能的学习,而忽视了学生对整个运动项目的认知和运动特点的把握,最终目的还是提高教学质量和达到教学目标。

三、体育教学模式的发展

（一）突出学生主体性

党中央在《关于深化教育改革,全面推进素质教育的决定》中明确指出:"健康体魄是青少年为祖国和人民服务的前提,是中华民族旺盛生命力的体现,学校教育要树立健康第一的指导思想"。高校体育教学模式发展至今重点关注学生对教学的参与性,即如何发挥学生的主体性,培养学生对体育的兴趣和能力,让学生明白体育运动的内涵,形成终身体育的意识,使体育朝"快乐化、生活化、终身化"的方向发展,这就是体育教学模式的当代发展特点。

（二）整体教学模式群是发展最佳方向

高校体育中不断涌现出新的教学思想,《纲要》体现出高校体育课程的发展目标具有多样化特点。具体目标有运动参与、运动技能、身体健康、心理健康、社会适应,这势必将会出现多种体育教学模式并存的发展趋势。现代高校中,诸如"三段"型体育教学模式、"俱乐部型"体育教学模式、"分层次型"体育教学模式以及"学分制"体育教学模式等如同雨后春笋般不断涌现。

但要指出的是,每一种教学模式只能适合于特定的教学情境,且需要对现有的体育教学模式进行整合,将各种教学方法和手段按照教学目标要求进行优化组合、综合运用。对于多种教学模式整合而出的教学模式,倡导以科学的理论为先导进行创造,并通过实践对比来证明其合理性、创新性和可操作性,这样才会形成稳定的教学模式。

(三)俱乐部型教学模式将成为未来的主旋律

现阶段,我国高校体育教学存在着多种体育教学模式并存的特性。而作为一种创新型的教学模式,俱乐部型体育课教学模式就是一种比较理想、适合于高校的体育教学模式。它最大的优越性在于从学生的视角去看待体育教学,使学生自由选择、而不是被动接受,使体育教学弹性化。俱乐部型体育教学模式,可以增强学生的体育意识,培养其经常锻炼身体的习惯,让体育教学不仅仅在课内,还能延伸到课外,这有利于把大学生的体育教育过程贯穿于生活,有利于提高大学生的运动技术水平。从当下高校的发展模式来看,俱乐部型体育教学模式将是未来高校体育教学的主流。

第三节　体育教学设计与发展

一、体育教学设计概述

(一)体育教学设计的概念

体育教学设计的概念是通过"体育教学"和"设计"这 2 个名

词引申而出的。体育教学设计是指以体育专业理论体系以及学习理论、传播理论、教学媒体理论等相关的理论与技术作为基础，运用系统方法分析体育教学问题、确定体育教学目标、设计解决体育教学问题的策略、试行方案、评价结果和修改方案的系统化计划过程。

体育教学设计不是为了去发现新的体育教学的规律与模式，而是运用现有的教学规律，发挥创造力，有针对性地去解决当前体育教学中存在的问题。体育教学设计具有以下规律。

（1）体育教学设计是一个系统规划的过程。体育教学是一个由教师、学生、教学内容、教学条件以及教学目标、教学方法等一切教学要素所组成的系统，这些要素均在这个系统中扮演着各自的角色，在共同的教学目标中实现各自的价值和作用，形成了有机的整体。

（2）体育教学设计是应用系统的方法研究、探索体育教学系统中各要素的本质联系，并按照具体的操作流程去协调、配置，使各要素充分结合，完成体育教学系统的功能。

（3）体育教学设计是一个解决教学中遇到的所有问题、寻找最优解决方案的全方位过程。

（4）体育教学设计的最终结果是形成一个经过实践验证、能实现教学功能的教学系统。它能直接应用于教学过程，达成教学目标。它的主要形式是以教学大纲或《高校体育与健康教育课程标准》中的理论思想为指导，根据某一个单元、某一节课的教学方案做出详细的解释和指导。

（5）体育教学设计是一种具有创造性、决策性的研究活动，它根据以往的经验为基础，既强调体育学科中基础的学科知识，又突出设计实践活动。

（二）体育教学设计的特点

1. 系统性

体育教学设计的过程具有系统性。在进行体育教学设计时，首先要分析现阶段体育教学中所存在的问题,针对问题去设定教学目标,然后密切围绕既定目标,对教学的各个环节全面展开,从而保证了"目标、策略、评价"三者的一致性。

体育教学设计要从体育教学系统的整体功能出发,在整个的工作流程上,不是依靠相邻的步骤去思考下一步,而是不断往复、相互补充,综合考虑学生、教师、教材、教学媒体、教学评价等各个方面,在突出教师的地位与作用上使之相互衔接,互相促进,形成一种规范的形式,保证了体育教学设计整体上的系统性,达到教学效果的最大化。

2. 科学性

体育教学设计综合了多学科的理论知识。体育教学设计是以人体解剖学、运动生理学、运动生物化学、运动心理学、体育保健学、体育教学论等体育专业的诸多学科作为理论基础,根据教育传播理论、教学媒体理论和教学评价理论的理论指导,遵循学和教的基本规律,考虑学生的兴趣爱好并培养学生的个性特征,建立起合理的体育教学目标、内容、方法的策略体系,科学地运用系统方法对各个体育教学要素及其联系进行分析和策划。

3. 灵活性

虽然体育教学设计在过程上有一定规律可循,形成了相对固定的流程,但体育教学设计的实际不一定非要按照流程中所表现的线性程序进行开展。有时候,结合具体情况,有些既定的工作步骤是可以省略的。例如,学习需要分析是体育教学设计过程模式中一个重要的教学设计环节。但根据多年经验,各个高校的体育教学已经形成了相应的教学体系,在教学内容上已经形成了特定的规律,因此就不需要再到社会上去进行对社会需要的分析论证工作。所以,在进行体育教学设计时,根据具体情况和具体需求,灵活地决定工作的切入点和着重点,重点解决教学中的难点,不必考虑展开难度比较大或根本就不需要展开的工作,体育教学设计终究还是要结合课程特点和实际情况，不能太机械，太照本宣科。

4. 具体性

由于体育教学设计是致力于解决当前体育教学过程中的具体问题的理论和技术，因此，体育教学设计的每一步安排都要结合具体进行分析。例如，在分析这一学期对于某项运动的学习时，体育教师必须仔细剖析该项目所包含的概念、规则、特征等，以此为基础设计出具体的教学步骤和方法。

5. 艺术性

设计是一门艺术，体育教学设计也要体现出艺术性。艺术源于创造，体育教师在进行体育教学设计的过程中，要根据教材、学生的个性特征和校园体育环境等因素，发挥个人的想象力和创造力，进行思维跳跃。一份优秀的体育教学设计方案应该具有独特的艺术价值，能让学生感受到体育课的新奇，感受到教师的别出心裁。

6. 创造性

体育教学设计的过程应该是一个创造性地解决体育教学问题的过程。现代体育教学设计理论可以客观反映出体育教学目标、方法和条件之间的多种关系，并揭示影响这些关系变化的要素，根据这些规律构筑理论框架。

体育教学设计富含创造力，设计者在独特情境的背景中阐明需要、确定策略，对教学设计的因素充分思考并归纳总结。有经验的体育教师很快会意识到自己的思路是否正确，实施的方法能否行得通。思想的丰富性、问题解决方案寻求中的新颖性以及独特性，源自于体育教师的创造力。

(三)体育教学设计的原则

1. 健身性

国家倡导"健康第一"的体育观念，因此增强学生体质是体育课最主要的任务,背离了这一点,任何设计都是白纸一张。高校中,体育课是必修课,以适量身体运动为形式,旨在增进身体健康、增强体质、养成健康生活习惯、基本掌握简单运动技术、为终生体育奠定基础。

普通的高校大学生上体育课是为了保持健康,不是为了选拔、培养专业运动员。此外,体育是一门以多学科知识渗透的综合学科,借鉴其他学科的内容后形成自身特征。

因此,在体育教学的设计上,必须遵循大学生的生理规律、心理规律和运动技能水平掌握的规律。体育课设计上没有考虑大学生的规律,就达不到健身性,锻炼的效果就无法预计。达到健身性还要把握好运动负荷的"度",在大学体育中,教师往往不会采取太大的运动量和运动强度,但是会强调动作的实践性,强调健身性和寓教于乐。

2. 多样性

体育教学设计的多样性包括多种方面,下面分类去研究。

（1）教学方法的多样性

一般在大学体育课中,有的教师不管什么内容,都是先跟大家讲解一遍,然后亲自示范,接下来就是学生尝试练习,其实这样子毫无新意,会引起学生的厌烦,在教学方法上要有多样性。有些内容比较简单,教师可以和学生们一起做,有些动作可以喊口令,用洪亮的嗓子刺激学生去完成;有的动作,像传统武术、健美操等可以配合音乐伴奏;有些内容可以通过游戏和竞赛的方法去练习,往往更受学生的欢迎。

（2）组织形式的多样性

在班级上课的组织形式上,要具有多样性。常年不变的队形排列,形成固定的练习对象和伙伴,容易使学生对锻炼的兴趣降低。根据上课内容的不同,可以安排多样性的组织形式,比如篮球课按实力平均分成 5 人一组;上足球课的对抗练习采取 7 人一队等。

（3）授课内容的多样性

多样性能达到增加或延长学生学习兴趣的效果，这和吃饭一样，天天吃相同的食物都会觉得厌烦，而教学内容的安排也是一样，要随着教学的进程变化随时进行调整，变换花样，调节胃口，让学生尽可能地保持对体育课的新奇感。不要受过去一个主教材、一个辅助教材的传统教学模式的限制，要在教学设计上变花样。

（4）评价方式的多样性

高校体育的传统评价方式往往是以动作质量的好坏进行评价，只能有少部分人受到赞誉，不利于调动学生的积极性。因此，要注重过程评价和定性定量相结合的评价。应该要让所有积极参与练习的学生都得到褒奖，比如在体育课最后测评可以颁发"最有价值奖""最大进步奖""最佳进球奖"等奖项，也可以在学期最后举办相关项目的竞赛，如足球比赛、篮球比赛等，评出前三名给予奖励。这些都可以充分调动学生的积极性。评价方式不一定是由教师亲自决定，也可以让学生进行推荐和投票。这样能培养学生的各项能力，同时也体现出学生在教学中的价值。

3. 竞争性

所有体育项目都具有竞争性。没有竞争，体育也就失去了魅力，也不会受到大家的关注和喜爱。在竞争中，学生才有成长，才能获得前进的动力与方向，才会意识到自己的不足。在高校体育的教学设计中要注重教学内容的竞技性，在多数学生看来，自己独立练习绝对没有和别人比赛或者团队比赛有意思。由于学生存在着能力上的差别，因此竞争要做到公平合理，让每个人都获得公平竞争。

比如进行篮球对抗赛时，要平均分配每支球队的人员实力，把球技出色的同学和不太会打的同学都分到一个队中；相反，如果两只实力悬殊的队伍比赛，就达不到竞争的目的，也会影响部分同学的自信心，让他们对篮球更没有兴趣。因此，在公平合理的基础上，要让所有学生都参与进来，确保每个人都有收获，不浪费上课时间。竞争不光包括和别人的竞争和团队的竞争,同时还包括自己对自己的竞争。比如足球课的颠球练习,有的学生最初只能颠两三个,经过不懈地练习和努力,能颠 10 个,这就是超越自我的体现。在体育课中,要坚信努力就会成功,就能尝到胜利的喜悦。

4. 趣味性

大家都知道"兴趣是最好的老师",也有人说"强扭的瓜不甜"。这就很好的表明了兴趣的重要性。兴趣是学生的原动力,学生们喜欢体育是因为其有独特的魅力,学生参与之中能在轻松活泼的氛围中体验竞争带来的刺激性,进而产生强烈兴趣。在竞争中产生愉快的体验,能提高学生中枢神经系统的兴奋性。体育课中一些内容比较枯燥没有趣味性,也得不到学生的喜欢。因此,在体育教学设计中恰当体现出趣味性,可以很好地调节课堂气氛,促进教学质量的提高。

二、体育教学设计案例

由于体育设计的内容相对而言比较笼统,所以本书将直观引入一个体育教学设计的案例。在参考相关文献后,本书引入"合作排球"教学设计作为案例,供大家参考。

(一)指导思想

合作学习的概念源自于西方,在 20 世纪 70 年代初兴起于美国,并在 70 年代中期取得实质性进展,具有创意性和实效性,是一种很好的教学理论策略。现在体育教学改革中提到,要改变以前固化的接受式学习模式,倡导学生主动参与、勤动手、多探究、多合作、常交流的新型学习方式。针对这样的趋势,在基于传统排球教材下,通过相关拓展,让学生以合作学习的教学方式,真正懂得"合作"的意义,通过排球项目的特点,以合作为主旨,提高个人的人际交往的能力。

（二）教材内容分析

排球运动是"三大球"之一,是深受广大同学喜欢的一种集体性运动,在高校中广泛开展。由于排球运动的特征,每一个回合过后往往是一方的"得分"和一方的"失分",得分的一方洋洋得意而失分的一方垂头丧气。通过合作学习的设计,希望大家能够打消这种固有的情况,形成大家都高兴的比赛效果。

本课的出发点是通过运动,让大家享受到排球的快乐,所以这节课将排球比赛的形式作了微调,把双方纯粹的竞争变为协同,多给对方创造机会。但是强调协同合作,不是为了否定竞争,是要让同学们知道努力就没有失败者,让大家齐心协力取得成功,让对排球不是很有兴趣的学生也能主动参与,获得乐趣。

（三）学练目标

（1）巩固提高接球的动作质量,在实战演练中体会接—传的动作要领。

（2）勇于表现发挥,敢于做技术动作,为了目标不惜余力,充分锻炼潜力。

（3）在比赛中共同合作,发挥团体优势,让每一名学生都能参与和尝试。

（4）认真观察、讨论,能够对自己与队友的发挥情况给出客观的评价。

（四）教学过程分析

本课以"软式排球"贯穿全课,在准备热身部分进行排球活力操,到主体部分进行合作排球的对抗赛,最后恢复部分进行抛球放松操,充分利用了场地资源的各种特性。通过不同形式的排球对抗赛,能培养学生的团体合作精神,使其获得乐趣。

1. 导入部分

通过软式排球轻巧、容易抓取的特性,以"抛接""滚动"的动作进行准备活动。这种形式除了能达到准备活动的一般功能外，一能调动学生的兴趣，二能让学生熟悉球性。通过准备活动，让学生为之后进行排球比赛做好生理、心理准备。

2. 学习体验部分

（1）持久排球

比赛形式与一般的排球比赛形式一样，只是在操作过程中，双方必须让球每球至少3次过网。计分方式也有不同，以过网次数为得分，过网次数越多，得分越高。由于计分方法产生了变化，比赛目的不是为了把球扣在界内让对方接不到，而是要尽可能地让对方接到球，形成多回合，实现双方共同合作，这样能让学生团结协作的能力得到提高。

（2）模糊排球

将学生分成两队，一队7人一队6人。比赛时7人队先发球，发球队员发球后跑向对方的场地参加比赛。比赛中，每方的最后一名击球队员（通常是将球击过网的队员）在击球后迅速从网下钻到对方场地继续参加比赛。双方没有得分，球落地了为1次，打完15次为一局。人多的那一方享有发球权。由于双方的队员不断变换，队员都有可能往返于每一方，在比赛中就要求全力合作，保证最后的共同胜利。

3. 结束部分

采用自创放松球操，目的是消除身体疲劳，愉悦身心。最后学生自评本课的感受及收获，教师对本节课的效果进行总结评价。

三、体育教学设计的发展

（一）以学生为出发点

高校体育教学的对象是学生，因此在体育教学设计的创新上要考虑以学生的视角来研究。

在设计体育教学的过程中核心思想与教学理念都是为了学生而采用的。体育教学设计应该把对学生个性特征的分析作为教学设计的基本依据,尽量挖掘每一名学生的潜力,充分调动学生的主动性和积极性,突出学生在教学中的主体地位,同时也要考虑到每个学生的个性差异,全面考虑到对于不同学生个体的有效指导与学习促进。体育教师设计教学方案时不能有经验主义的思想,不能完全照搬带历届学生的教学经验,而应该是立足于教学实践,充分考虑现阶段学生的个性特点,对于体育教学方案采取全新的、符合学生特点的设计。

(二)突出整体发展

体育教学活动实际上是在培养学生的运动技能,如果教学内容脱离了对运动技能的教授与掌握,那么体育教学活动就没有存在的价值。但是,现代体育教学理论认为,学生体育技能的学习和掌握并不是体育教学活动最重要的目标。

体育教学设计不仅是对学生能够有效掌握技能进行设计,而且还应该设计出有效的课堂学习形式与活动,从而使学生在这种活动中对个人与群体的互动关系进行更好地体验,处理好人际关系,懂得包容、理解与尊重,从而更好地扮演与适应各种社会角色,对于个人价值有更加全面深入的理解。在交流中学会体育技能,感受关爱与被关爱的生活体验,养成良好的生活习惯与乐观的生活态度。

(三)突出确定性与不确定性的统一

体育教学的开展、学生身心发展、体育技能的掌握都有普遍的规律性,这为体育教学活动确定了设计方向。首先,体育教学设计应该从教学的客观规律出发,同时采取系统化的设计方法,在客观地分析体育教学规律与特点的基础上对新的教学工作程序与环节进行相应的设计。建立在确定性基础上的体育教学设计能够有效发挥其在教学活动当中的计划功能,有效增强体育教学的针对性,使得教学时间在一定程度上有所缩减,同时提高教学的效率,使体育教学活动形成优化的运行机制。

体育教学中,所有学生都是主体,他们对体育运动技能的认知和掌握表现出一定的差异性。另外,教学环境也存在很大的差异性,这些特性就决定了体育教学在过程中具有不确定性。体育教学的这种不确定性决定了体育教学设计不可能做到面面俱到,只有这样才可以保证课堂教学既有计划性的一面,同时还有自由发展的那一面。

(四)采用系统设计方法

体育教学设计是在整体上对体育教学体系进行设计,并不是对某一特定的目标与学习领域或者是教学资源所进行的策划,它追求体育教学整体的优化,推动体育教学水平的全面提高。

在体育教学设计的具体实施过程中,应该从整体出发,然后从整体与部分、整体与环境之间的相互联系、相互制约中选择解决问题的最佳方案。体育教学的系统设计应该对该课教学资源进行系统的分析。体育教学资源多种多样,它们都会对体育教学活动产生相应的影响,处理好这些影响因素不是一件容易的事情,但是在教学设计中是一项必须要做的环节。因此,体育教学设计本身就是教师教学素质与教学风格的一种综合体现。

第五章 高校体育教育主体的发展与分析

对于高校体育教学来说,体育教师和学生对教学成效具有决定性作用。要想顺利开展高校体育教育,改善高校体育教育的实际成效,顺利达到终身体育的目标,必须对高校体育教育主体展开深入剖析。为此,本章分别对体育教师的发展与培养、学生的发展与体育教育、高校体育教育发展中和谐师生关系的构建展开深入研究。

第一节 体育教师的发展与培养研究

一、体育教师的发展

近些年来,我国教师队伍日益壮大和规范,但体育教师资源在多种因素的影响下表现得比较匮乏。在这种现状和重点倡导体育教学改革的时代背景下,使得我国体育教师依然需要不间断地培养与提高,这同时是我国体育教育领域在今后可以维持可持续发展趋势的基本要求。根据以上要求,要想达到体育教师资源可持续发展的目标,首先要对体育教师实施科学管理与培训,并高质量完成今后体育教师的培养工作。为真正达到该项目标,往往可实行以下几项有益于体育教师发展的详细措施。

(一)革新管理方式,完善教师结构

如今,我国绝大多数体育教师的管理方法仍然使用相对传统的计划体制,此类体制结合当前状况显得十分单一、封闭、静态。具体来说,一位有意向成为体育教师的人才要想实现自己的愿望,首先需要考入专门的体育师范学院,在学院中要学习各种体育相关理论和运动技能的训练,从学校毕业后根据需要选择有招聘意向的各级学校。但联系当前的实际情况,这种模式和实际需求已经严重脱离。

为有效推动体育教育事业,促使学生真正掌握有实用价值的体育技能与体育知识,就一定要改革体育教育所涉及的多方面内容。对于体育教师人才的选择要通过激烈的竞争产生,在动态中稳队伍,在自我约束和竞争激励机制中求管理为宗旨,以此来使师资队伍进入一种新型的、良性的循环轨道。此外,可以将在运动队中退役的高水平运动员纳入选聘范围中,原因在于他们多年的训练经验与大赛经验往往能给学生带来很多体育教学体验,该选聘形式能够有效弥补体育教师资源短缺的问题。

不仅要考核师资来源,还要定期考核已经进入体育教师队伍的教师,并且构建出完善的考核管理体系,及时嘉奖学生喜爱、岗位上表现优异的教师。如发现确实对教学工作不认真、散漫、不负责的教师,则应进行适当处理,如没有明显改观则可以考虑解聘。对新上岗的青年教师必须坚持岗前培训,本着竞争上岗、定期考核、合格者聘、不合格者不聘的原则,以保证年轻教师的素质和质量。进一步严格教师队伍的转入原则与转入标准,在公平、公正、公开的条件下完成教师的选拔工作与补充工作。在学历层次方面,要循序渐进地补充硕士以上毕业生,从而进一步优化人才结构和体育教师队伍。

(二)重视岗位培训,合理学历结构

缓解体育教师资源短缺问题的措施是要大力建设体育师资队伍。建设师资队伍并非是一项短期工作,相反是一项重点的、长时间进行的系统工作,所需的建成周期比较长,通常需要十几年乃至几十年的时间。因此,这样一个长期"工程"的建设需要体育、教育等相关部门通力合作，对这项工程进行全面地规划和统一管理。越是长期的工程和计划，就越容不得细微的失误。在不同级别的学校中，要成立由领导、专家、学者构成的师资队伍建设委员会，担负起师资队伍建设的全部责任，深入挖掘决策作用、指挥作用以及监督作用，向建设师资队伍提供能够依赖的组织保证。第一，对体育教师的来源问题进行解决，这就需要国家教育部门特别增加一些体育相关专业的硕士研究生和博士生的招生培养数量；第二，建立起体育教师的档案，运用广阔的渠道为体育教师的培养提供培训机会，用来提高现有体育教师的学历水平；第三，进一步规范高校体育教师的进修与管理，向体育教师提供定期进修的机会，资助体育教师的科研工作，推动高校体育教师的综合素质与科研水平得到大幅度提升。

　　为促进我国教师在职时仍旧能够保持认真学习、钻研业务的精神状态，国家教育部门制定了教师职称评定体系，当然，体育教师队伍也不例外。此类国家级教师的职称等级认定同样存在严格规定，但在教育领域不断发展与部分现实情况实际需求的双重作用下，开始对部分高水平青年教师或做出特殊贡献的青年教师实施特殊政策，对这些青年教师实施破格晋升职称，有益于增加青年教师投身教育事业的积极性。对于老教师来说，他们更能在培养年轻体育教师的工作中发挥积极的"传、帮、带"的作用，这对体育教师队伍的建设作用巨大。同时，各级学校要放开体育教学科研人才流动政策与市场，尽快实施"高层次创新人才工程"，加强科研工作，加快人才的培养和产出。

　　（三）提高教师待遇，稳定教师队伍

　　不管是哪种事物要想取得可持续发展，均要在变化中拥有部分稳定元素。就体育教育事业来说，要想实现其可持续发展，就需要保证教师队伍处于稳定状态，特别是要保证体育教师人才队伍处于稳定状态。教学骨干与中青年体育教师队伍在人才队伍中的作用尤为显著，原因在于这两类教师是今后体育教学的主力军。要想从根本上稳定体育教师队伍,学校相关部门需要以体育教师实际需求作为出发点,通过有效手段来妥善处理体育教师在日常工作和日常生活中遇到的困难,尽可能满足高校体育教师的实际需求,由此使高校体育教师队伍处于稳定状态。详细地说,需要从以下三方面着手。

(1)提高教师队伍的政治思想水平。注重青年教师的党员发展工作,坚持党、政联席会议制度,把党组织的核心作用和政治工作贯穿到人的培养各个环节中,使更多的教师自觉团结在党组织的周边。除此之外,还要注重培养广大教师的师德、师责,发扬园丁精神和蜡烛精神,树立正确的人生观、世界观。

(2)结合实际需求,适度提升体育教师的收入。对于任何人来说,生存都是人的低层次需求,要想使人们安心地投身于事业中,必须保证生活压力没有超过其承受范围。许多传统体育的思维觉得体育教师的层次比其他学科教师的层次低,所以过去的很长时间内体育教师的待遇不及其他学科教师的待遇,这在心理方面严重打击了体育教师的工作主动性。站在素质教育的立场来分析,体育是不可替代的,同时体育教学比学科教学的复杂程度和风险系数更明显。因此,不可以把提高教师收入只停留在口头上,应当达到实质性提高。切实提高体育教师薪资水平,使之达到社会中等水平,并在社会福利、保险等方面给予政策倾斜,使其从国内的纵向和横向对比中不至于产生太大的心理落差,让更多的人乐意从事这一职业,以这一职业而自豪,以此让其真正感受到自身的社会价值。

(3)尽可能向中青年教师成长提供人尽其才、才尽其用的良好氛围,主动引入博士与硕士,尽全力促使当前的教师队伍处于稳定状态。过去的体育教师队伍往往由具备职业运动队经历的运动员或中途改行的运动员经过教育培训后组成。不过随着时代的发展,在现今不仅仅依靠运动技术水平高超就能称为是一名优秀的体育教师了。在一些学校中通过访谈和观察听课发现,一些拥有丰富运动经历的运动员教师对体育课堂的控制和教学甚至并不出色于"学院派"教师,而"学院派"教师又没有更多的专业训练和比赛的经历,就形成了一种有趣的"会练的不会讲,会讲的不会练"的现象。

体育教学对体育教师的要求反映于两个方面:其一,具备较高的技术水平;其二,对运动项目的理论知识有深入理解。今后,体育教师组成路线应当沿着知识性体育教育人才的道路前行。

二、体育教师的教育培训

（一）体育教师的职前培养

1. 体育教师职前培养的目标

对于高等教育教学改革来说,培养目标问题是一项实质性问题。深入调查 21 世纪体育教育专业培养目标的定位问题得出,高校体育教师和中学体育教师的态度均比较明确,他们认为培养目标应当是培养体育教育复合型人才,由此强化毕业生在社会生存中的竞争力。在此基础上,新方案将本科体育教育专业的培养目标确定为:"培养适应我国社会主义现代化建设和基础教育改革与发展的实际需要,德、智、体、美全面发展,专业基础宽厚,具有现代教育观念、良好的科学素养和职业道德以及具有创新精神和实践能力,能从事学校体育与健康的教学、训练和竞赛工作,并能从事学校体育科学研究、学校体育管理、社会体育指导等工作的一专多能的体育教育专业复合型人才。"

2. 体育教师职前培养的模式

当社会背景不同时,人才培养模式同样有所不同。对于体育教育专业来说,崭新的人才培养模式一定要结合新时期社会发展走向和基础教育向体育教师提出的需求,尽可能保障培养出的体育教师人才和社会发展需求以及教育发展需求相吻合。

（1）以体育师资培养体制为出发点，变定向型（或封闭性）转向混合型进而过渡到非定向型（或开放性）的人才培养模式

21世纪初，社会对体育师资的需求越来越平缓，城市学校已经表现出饱和态势，部分城市甚至出现体育教师过剩问题。虽然农村特别是偏远落后地区学校依旧处在"缺编"或"待补"状态，但伴随着"村教学点"逐步转移成"集镇"，绝大部分农村学生自低年级就接受体育教育逐步变成现实。以上情况都表明，如今的体育教育专业师资培养必须从计划经济体制下的增加数量朝市场经济体制下提高质量转变，提高质量需要最先解决的问题是体育教师职前教育体制的改革。从当前情况来分析，我国体育师资培养机构的常见类型有师范院校中的体育院系、独立的体育大学或学院、综合性大学中的体育院系。

因为我国地域辽阔，所以体育教育专业的分布范围较广且地方差异性较大，一方面是广大农村地区在很长时间内对体育师资需求主要是数量，另一方面是沿海一带较发达地区与大城市对体育师资需求已经出现过剩，正在将目光转移到体育师资的"质量"方面。地域发展不平衡造成了教育发展失衡，进而使得当前体育教育专业人才培养模式无法直接从定向型转变成非定向型，必须要有一个过渡缓冲阶段方可转型成培养模式。

（2）以体育师资整体智能结构为出发点，变培养"专才"模式转向培养"通才"与"专才"有机结合的"复合型人才"模式

纵观改革开放以来我国体育教育专业培养目标以及为实现这一目标所采用的人才培养模式，突出表现为"专才培养模式"，其特征是以专业需要为核心来设计课程和教学环节，一切围绕狭窄的专业运行，学生过早地进入专业学习，进而导致在体育教学内容上出现了忽视基础、忽视交叉、忽视人文知识的价值取向。该项模式在我国计划经济体制下拥有较强的可操作性，并且和当今社会发展需求相适应。当前随着体育教育专业培养目标的持续改变，之前将培养体育师资当成唯一目标的"专才"教育已经和当前的发展需求相脱离。

由此可知,现阶段我国普通高校体育教育各方面改革的迫切任务是密切遵循培养基础扎实、知识面广、能力高、素质高、适应广的人才培养模式的整体要求,用最短时间顺利转变培养模式,从计划经济体制下的"对口式"体育教育专门人才的培养模式,向市场经济条件下的"适应型"复合型体育教育人才的培养模式转变;从过窄的"专才"教育模式向素质教育模式转变,逐步构建起注重素质教育、融传授知识、培养能力与提高素质为一体的富有时代特征的"通才"与"专才"相统一的体育教育复合型人才的新模式。

3. 体育教师职前培养的发展趋势

(1)培养渠道的多元化

除师范院校以外,非师范院校同样参与师资的职前培养就是培养渠道多元化。分析其他国家的师资培养可知,综合性大学培养师资十分常见。例如,德国培养教师的高等学校往往是综合性大学与专科大学;美国培养教师往往是综合大学的教育学院或教师学院和文理学院的教育系或教育专业。

(2)培养目标的多向性

国外高等体育院校学生毕业后无法获得政府安排的工作,他们必须面向劳动市场来自谋职业。这种教育行政体制使得培养目标存在多向性特征。各院校培养的人才不仅要胜任体育教师这个工作岗位,还要拥有很多方面从事其他体育工作的能力,此类"通才"型人才能够和社会飞速发展、就业竞争日益激烈的需求相适应。

(3)培养模式的多样性

对于绝大多数国家来说,其高等体育院校人才培养模式主要由"开放型"人才培养模式和"非定向型"人才培养模式组成。培养学制安排上的因地制宜有效增加了培养模式的多样性,绝大部分国家体育师资培养都是 4 年制;加拿大采用 5 年制("3＋2"模式),常见模式是非定向型培养模式,显著特征是开放性和灵活性大;芬兰与新西兰的学制都是 3 年("3＋0"模式),但这两个国家在师资培养目标上有很大不同,芬兰体育学士"双环式"学位制目的是使学生在 3 年内完成学士学位,再学习 2 年获得硕士学位,新西兰 3 年制培养的是双学士学位。而新加坡 2 年制针对性较强,分小学水平和中学水平。

(4)课程领域的综合性

对于多数国家来说,体育教师教育的常见培养课程是基础教育课程、专业课程以及教育学科课程,其中基础教育课程又叫普通教育课程,专业课程则由学科课程与术科课程组成。发达国家高等体育院校课程设置的自主性较大,可根据自身的优势和特点及所在地区的实际情况,培养人才市场需要的各种体育人才。在课程设置方面比较强调文、理、工科课程间的相互渗透和融合,内容上涵盖自然科学、社会科学、技术科学等知识领域,并注意优化组合,发展新学科课程和综合性课程,以求让学生形成合理的、广博的知识结构,为培养全面发展的人才奠定基础。

(5)课程设置的基础性、国际性和小型性

课程设置的基础性是指在世界各国高等体育院校的课程设置中,体现师范特色的教育类课程,不仅课时所占的比例大,而且教育课程开设范围广、门类多,涉及教育理论、教育原理、教育史、教育方法、教育技术等方面。特别是体育教育实践,不但实习时间比较长,同时实习形式具备多元化特征,如参观实习、现场实习以及责任实习等教育活动,这些实习有些在特定时间段内集中完成,有些是分散在平时,分几次完成。

课程设置的国际性是指各国教育为适应知识经济一体化和全球化需求,满足其在全球范围内的普遍适应性,都几乎无一例外地以面向世界为前提,使本国的高等教育向国际开放,以促进学术、文化和教育的交流和协作,主要形式有交流办学经验、交换情报资料、参与国际学术活动和合作研究与开发项目、交换学者和互派留学生等。世界各国的体育院校为尽可能适应瞬息万变的国际环境,都在尽可能让课程改革和国际教育接轨,同时开设了很多世界范围内通用的课程,其中外语与计算机课程最为常见。例如,加拿大和新加坡的综合性大学往往会使用双语教学。

　　课程设置的小型性就是在专业设置不增加的基础上,适度增加课程门数,尤其是增加微型课程的数量。在对学生基础知识进行拓宽与加深的过程中,开设小型性课程往往会使得多元化与个性化的课程内容应运而生。例如,日本、美国、俄罗斯等国家,课程体系中术科课程不仅开设了常规的运动项目,还开设了民族传统项目,而且根据社会发展的需要,体育实践课不再仅仅是竞技运动项目,普遍重视健身、娱乐、休闲、医疗、野外生存等课程的开设,以便适应社会对体育人才的需要。

　　(6)专业课程设置的针对性

　　各国体育院校的专业课程设置应高度重视以学校为本的教师教育,加强大学与中小学的合作伙伴关系,这种根据中小学体育教学的实际需要来培养人才,可最大限度地缩短理论与实践的距离,也可提高人力资源的利用率。

　　(7)课程学习的选修性

　　发达国家选修课特征是数量众多、分科细致、门类全面、所占学分比例较大。与此同时,选修课形式自由度较大,年龄、系别、学校这三项因素往往不会对其产生制约。分析该形式的延伸和扩展可知,其不仅有助于激发学生的自觉性与主动性,还有助于学生的个性发展,也能有效培养学生的各项能力,对培养高素质、强能力、广适应的人才有积极作用。

　　(8)课程管理的完全学分制

　　在教学管理制度方面,各国体育院系均普遍采用完全学分制。学分制的积极作用是:有助于发挥学生的主导性;充分尊重学生间的个体差异;能够激励学生认真学习,鼓励学生用最短时间修完学分;能够向学生的发展提供宽松的环境与广阔的空间。

　　(二)体育教师的入职教育

　　1.教师入职教育的意义

　　入职教育原本是指个体在进入职业之前所接受的职业培养

和培训。它被认为是一个始于招募(阶段一),继之以大学中的专业教育(阶段二)和毕业后的工作(阶段三)的阶段性过程。但从20世纪的六七十年代起,教师入职教育开始被定义于上述三阶段的第三阶段,即专门为新教师提供的为期至少一年的有计划的、系统的、持续的帮助,对新教师进行入职教育具有重要意义。新教师入职教育是终身教育与终身学习的要求;是对教师职前教育和在职教育发挥沟通作用的桥梁;是推动新教师成长并促使其专业发展的重要保障;是有效优化教师任用制度的可行性方式。因此,建立健全教师入职教育制度,加强新教师的入职教育,是当前教师教育的一项极为紧迫的任务。

2. 我国体育教师入职教育状况

(1)我国的教师资格制度

我国的教师资格制度起步于 1996 年,法律依据来源于 1993年颁布的《中华人民共和国教师法》。该法第十条规定:"国家实行教师资格制度",只有具备该法规定的学历或经国家教师资格考试合格者,才能在各级各类学校和其他教育机构中从事教育教学工作。1995 年 3 月该法首次以法律的形式明确规定国家实行教师资格制度,同年 12 月,国务院颁布了《教师资格条例》,原国家教委于 1996 年 1 月下发了《教师资格认定的过渡办法》,至1997 年底,完成了 1993 年 12 月 31 日在各级各类学校从事教育教学工作人员的教师资格过渡工作,1 千多万名在职教师取得了国家认定的教师资格。为积极稳妥地做好全面实施教师资格制度的准备工作,从 1998 年 4 月至 1998 年底,教育部在部分地区进行了教师资格认定的试点工作。在总结教师资格过渡和试点工作经验的基础上,教育部于 2000 年 9 月 23 日颁布了《教师资格条例实施办法》,教师资格制度在全国开始全面实施。

(2)我国体育教师入职培训的模式

在现阶段,新教师上岗培训获得越来越多的重视。各地教师教育机构均在自觉探究教师上岗培训的模式,大面积开展新教师上岗培训工作。截至当前,我国新教师上岗培训的常见模式有:第一是带教模式,具体是指新教师在中小学实地工作中把经验丰富的教师视作师傅,学习课堂教学的规范与技能;第二是集中培训,集中培训包括两种做法,第一种是第一年集中在教师培训机构中由教师培训机构的教学人员传授教学常规与教育教学理论两方面的知识,第二种是该年的绝大多数时间在中小学,仅用少数时间在教师教育机构接受理论培训;第三是理论实践研究模式,具体就是在实践中对相关问题展开探究;第四是合作模式,具体是指教师培训机构、大学与中小学合作,将中小学当成基地完成新教师上岗培训。对于以上四种模式,最为常见的是第一种,其他三种在体育学科中比较少见。

从整体上来说,以上四种新教师上岗培训模式均有合理性,均有助于新教师专业发展和职业生涯发展。从严格意义上讲,以上四种模式都处在"自在自为"的状态,和充当一种制度的新教师入职教育之间有很大差距,还不能充分适用新教师的具体特征与需求。模式的创新与制度化是我国体育教师和入职教师逐步走向成熟所必须尽快解决的问题。

(三)体育教师的在职教育

1. 体育教师在职教育的必要性

1915年,美国成立全国大学继续教育协会,主要开展大学后的工程技术教育,这是继续工程教育名称的由来。20世纪60年代,继续工程教育成为欧美各国振兴经济,参与国际竞争,提高综合国力的秘密武器。20世纪70年代,继续工程教育的概念由清华大学张宏宪教授引入我国时,其对象是大学后进入工作岗位的工程技术人员。然而,因为各个行业的专业技术人员与管理人员均对更新知识存在强烈愿望,所以继续工程教育的受益面逐渐从工程技术领域逐步拓展到很多领域,继续工程教育被简称为继续教育。

2. 体育教师在职教育的模式

（1）教学模式

①"问题探究"模式。这个模式是指以解决问题为中心，培训者在指导学员的基础上，独立完成发现问题、探究问题、提出解决问题的方案这三个环节。要想灵活运用这种模式，学习者和培训者都需要达到较高要求，学习者要自觉成为主动的"探究者"，培训者要自觉成为学员的"引导者"和"顾问"。

②"合作交流"模式。该模式旨在为体育教师进行交流、合作、研讨提供充分的机会和广阔的空间，其操作程序为独立思考—小组讨论—组际交流—集体性评价。

③"案例教学"模式。具体来说，就是针对体育教育教学实践活动总结出的实例展开描述、讨论、分析、研究、总结的培训过程。这种模式不仅能妥善处理教学过程中的相关难点，还能充当体育教师理论知识联系体育教学实践活动的桥梁，能够有效提升教师的教学能力。

④"教学现场诊断"模式。具体来说，就是科研人员、培训者以及任课教师进行合作，在目标明确的情况下，对课堂教学过程展开理性观察和当面分析讨论，同时提出改进策略，在综合分析优势与劣势的情况下向教学研究提供充实材料。

除此之外，"情境体验"教学模式和"自主学习"教学模式等均是在针对特定在职培训需求的情况下产生的，每种教学模式都存在优势和劣势，都有对应的适用范围。在培训高校体育教师的过程中，不仅要针对实际情况展开详细分析，还要科学选择、因地制宜，也要高度重视针对性和实效性，从而尽最大可能达到预期的培训效果。

（2）组织模式

当前我国体育教师在职培训的组织模式有以下几种：

①"研训一体"式。该组织模式指体育教育教学研究与培训相组合，融为一体。这种形式充分利用各种教育资源，以科研为

先导,以问题解决为目标,将各种培训模式有机整合,特别强调研究者与教师的密切协作,可以提高中学体育教师的科研能力、写作能力、语言表达能力和思维表达能力,使教师通过研究在理论和实践上都得到发展。

②"校本培训"模式。该模式就是为尽可能满足学校与体育教师的发展目标与需求,将学校当成基地的在职培训模式。因为教师培训是学校独立组织和领导,借助学校优秀骨干体育教师来帮助其他教师,实现互教互学和共同启发,因而教师能够在不脱离工作岗位的情况下展开学习,由此使工作与学习之间的矛盾得以缓解。

③"巡回流动培训"模式。即有计划地分批组织培训者到基层中小学进行理论与实践紧密结合的现场专题培训,送教上门。这种模式特别适合我国边远山区或欠发达地区体育教师参加在职培训。

④"远程培训"模式。函授教育、广播电视教育以及现代远程教育是该模式的常见形式。在现阶段,该项模式对其他学科教师的在职培训同样有关键性作用,但在体育教师在职培训过程中的应用范围还需进一步拓展。在现代信息技术不断发展的情况下,这种模式必将在我国未来体育教师在职培训中起到更加突出的作用。

3. 体育教师在职培训的内容

因为我国体育教师在职培训模式不仅存在多元化特征,而且每种模式都独具特色,所以使得培训内容表现出了多样化趋势。

（1）体育教师在职培训内容的要求

为全面掌握现阶段我国中学体育教师对在职培训内容提出的各项要求,深入调研体育教师的在职培训教学内容与课程体系得出,教学内容方面体育教师对培养创新能力的呼声最高,占30.52%;其次是适应科技社会发展需要的现代信息技术,为20.08%;再者是实践技能,占16.47%。同时调查还表明,当前体育教师对培训课程体系需求的先后顺序是教育理念—现代教育理论—现代教育技术—科研方法—教育科学知识—人文科学知识。

实践能力是践行素质教育的重中之重,所以体育教师对培训内容的实际需求表明他们对更新观念形成了深刻认识,在掌握现代教育理论与现代教育技能上存在强烈要求,这些同样是当前体育教师在职培训过程中需要尽快解决的问题。此外,对"中学体育教师职后培训是否应该增加人文素质教育的课程"时,84.4%的教师认为"应该",14.2%的教师认为"可要可不要",1.4%的教师认为"不应该"。这也反映出中学体育教师对自身整体素质水平的要求在不断提高。

(2)体育教师在职培训的考核

对于在职培训来说,考核是一个不可替代的环节。实施考核的目标有及时纠正培训工作中产生的偏差、及时完善工作思路、及时调整工作手段、挑选合理的培训内容与培训方式、有效改善培训质量,保证在职培训工作顺着科学目标顺利开展。体育教师往往拥有特定的知识和经验,不仅能实施批判性反思,还是将经验作为出发点的学习者。考核体育教师培训情况时,应当充分结合成年学习者的具体特征。

调查表明,在教学管理方面,61.6%的体育教师认为采用"学年学分制"较好,21.7%的认为应采用"学时制",16.7%的认为可采用"学分制"。在考试内容的选择方面,仅有3.6%的教师认为"只考技术",23.7%的教师认为"只考理论",而有72.3%的教师认为"理论与技术均考"。在考试形式的选择方面,有88.6%的被调查中学体育教师赞成采用分阶段的形式进行测试,认为这样能更及时、更全面地反映出教师对培训内容的接受和吸收程度。在考试方式上除有17.5%的中学体育教师认为要采用闭卷考试外,大多数(82.5%)都赞成以开卷或开卷与闭卷相结合的形式来进行评价。总体而言,不管采用何种方式进行考核,都必须注重教师在职培训的实效性。

（四）构建体育教师教育一体化

1. 教师教育一体化概念

教师教育一体化就是以提升教师素质与水平作为出发点，把教师教育的全过程划分成职前培养、入职培训以及在职教育三个阶段，同时将这三个阶段当成教师终身教育体系中相互联系、多方位沟通、连续统一的完整系统。纵观教师教育的整个过程，这三个阶段的关系是连续且彼此联系的，同时存在部分区别。其中，"职前培养"存在职业教育的适应性与需求目标。

对于职前教育和在职教育来说，"入职教育"是中间环节，发挥着承上启下的作用。"在职教育"的具体特征有时间长、可变性高、任务艰巨、重复性明显，同时其是不断调整、不断适应、不断提高、不断加深的过程。

2. 我国体育教师教育一体化的构建

（1）机构上构建

在现阶段，我国教师培养与培训在政府管理行为方面由机构设置上逐步分离，各个机构存在各自为政的现象。教师培养大多来源于三级师范院校，即师范大学或学院、师范专科学校、中等师范学校。而在职培训来源于具有相应等级的教育学院或教师进修学院，即省级教育学院、市级教师进修学院或区级的教师进修学校，同时各市还相应建立教育研究室，在教育行政部门领导下指导体育教研工作。在机构上，师范院校教育进行战略性的重组，即省级教育学院并入师范大学，并入师范大学后可独立存在，作为基地可暂时保留其教研、培训的职能；师专与教育学院、中师合并；当地教育学院与中师合并；教育学院转变为师范学院；中师变为师专；师范院校与综合院校合并；中师将退出历史舞台。在认真汲取世界师范教育发展模式的情况下，设置我国体育教师职前职后一体化培训机构，并形成一块牌、两种功能、三位一体的管理模式,即合并后师范大学(学院)既负责职前培养,又负责入职教育和在职培训的职能,构建培养与培训的双轨道机构,这种混合型的机构设置可减少机构重叠,有利于资源合理配置,使其有机地联系在一起。

(2)职能上构建

彻底破除条块分割师范管理体制,构建出统一协调的领导体制,由此产生上下结合、内外沟通的师范教育网络;彻底打破职前培养和在职培训相互分离的情况,构建出自成体系的教师培养和在职培训的机构,将职前教师培养、新教师入职培训以及在职教师提高等环节的教师教育当成一个完整过程,全方位分析培养目标、教学内容设置、课程设置、教学方式、培养方式等。在统一规划的基础上,对过去承担职前培养与在职培训的各项任务、大体分离、不存在联系的教师力量进行重新调整与重新组合,构建职前与在职,集侧重与合作于一身,形成彼此融通合一的教师教育的体育师资队伍。

(3)课程上构建

因为我国教师教育的职前培养和在职教育之间相互分离,所以使得教育内容重叠交叉且资源配置的合理性不明显,主要反映是课程体系难以有效彰显师范特色,灵活性与多样性比较欠缺;课程结构缺乏合理性,各项教学内容没有紧跟时代步伐;教学方法与教学手段和时代需求存在较大差距。然而在职培训处在对大学补课的状态,因为职前培养难以满足基础教育的实际需求,所以不但对学校教育质量和学校声誉有负面作用,而且会加重在职培训的负担。由此可知,最终培养的体育教师难以对高校体育教学改革发挥积极作用,体育教师的教学思想、教学理念、教学内容、教学方式均需要进一步提高。在培养目标上,改变单一体育院校和师范院校培养体育师资的定向型的培养模式,逐步向综合大学混合型设置的方向发展。我国体育师资目前职前培养渠道不畅通,措施不得当,导致培养层次倒置,如某些中专的学校培养大专层次的学生,而某些大专层次的学校培养本科的学生。我国基础教育工作会议之后,教育部提出新的教师学历标准,即小学体育教师要达到专科、初中达到本科、高中开始向研究生学历迈进。国务院国家学位办在1996年批准设置了在职教师教育硕士课程,这无疑对提高我国中小学体育教师的继续教育层次起到了重要的推动作用。在在职培训方面,一定要始终依托具备职前职后一体化职能的师范类大学或综合类大学,构建出形式有效的教师继续教育制度,对达到在职教育目标发挥推动作用。

(4)队伍上构建

综合分析职前和职后两支队伍的现状可知,师范教育的教师往往存在很强的科学研究水平,因为立足于本科学前沿,所以绝大部分教师均叫特定领域的专家。因为这些专家和高校教育出现了脱离,没能深入认识培养学生的实际能力与基础教育的需求发展的预测,所以难以保证把握的准确性。然而绝大多数教师进修学校或教育研究室的教师往往身处教育前线,积累了十分扎实的教育经验与教育技能,他们对不同类别院校培养的教师往往能做出科学评价,他们不仅清楚现阶段高校迫切需要哪些体育教师,还能结合实践来反馈师范教育的实际质量,但需要注意的问题是从事研训的教师学科研究水平较低。

职前教育的形式是将学历教育当成主要内容,重点反映今后教师的基础素质与能力素质,大力强化人文精神与科学精神的教育内容,进一步增加学生的知识面,保证基础的稳固性,推动各项素质实现有效渗透和协调发展。发挥师范教育学术性的特点,注重学术研究能力、解决教学领域问题的效率和洞察力、创造精神的培养。同时还应重视体育学科综合课程和隐形课程的设置,发挥现代学科不断发展和融合的作用,提高未来体育教育人才的体育文化素养。在职培训被当成教师教育的一个关键性环节,同时还受制度化与普遍化的双重作用。在职培训将实践当成重中之重,重点培养与发展体育教师的教育水平与教学水平,促使每个教师都有自身的教学特色,由此形成了风格鲜明的体育教学个性与作风。对于我国任何一名体育教师来说,他们在职培训的重中之重都会逐步落实到"逐步从城市、城镇移到农村中小学……而城市和城镇中小学教师在职培训的重点正逐步从解决教师的学历问题转移到教师的成长和发展上,提高教师的整体素质,以适应体育教育教学改革的深入发展"。保证体育教师教育能够落实在时间与空间两个方面,这样方可达到预期目标。

第二节　学生的发展与体育教育研究

一、不同的学生观与体育教育

在高校体育教育过程中,学生是非常重要的要素,必须要多方位分析学生、全面掌握大学生身心发展规律以及和体育锻炼的具体联系,树立适宜的学生观。大学生体育教育的核心内容是培养学生的主体性,并促使学生形成主体教育观。简单来说,学生观就是教育者对学生的实际看法。对于怎样看待学生以及学生的教育过程中的实际地位,有以下三种看法。

（一）教师中心论

教师中心论指出,对于体育教育的全过程来说,教师是决定性因素,学生仅仅是被动接受外界作用的客体,将学生当作一张白纸,教师可以自由填充学生的头脑,教师的主要目标是将知识技能往学生头脑中填塞。学者巴尔赫是教师中心论的主要代表人物,他指出:"在教育的其他任何职能中,学生是直接在教师的心目中,作为教师必须在他身上工作的人,学生对教师必须保持一种被动的状态。"苏联教育家凯洛夫作为对我国教育界产生深远影响的人,他指出课堂教学应当自始至终都在教师指导下开展,其观点是:教师逐步提出的要求,就学生学习生活而言需要拥有法律性质,就教师而言,学生仅仅占有从属地位。

教师中心论的优点是对社会需求与教师作用投入了很多注意力,缺点是没有高度重视学生学习过程中的自觉性与主动性。

(二)学生中心论

学生中心论指出,体育教育过程是学生依靠自身自觉发展的过程,重点突出个体的发展。

美国教育家杜威认为"教育即生长","教育不是把外来的东西强迫学生去吸收,而是需要使人类与生俱来的能力得到生长"。他还认为:"现在,我们教育中将引起的改变是重心的转移……这时学生变成了太阳,而教育的一切措施则围绕他们转动。学生是中心,教育的措施便围绕他们而组织起来。"他主张从学生的本能、兴趣和需要出发,以学生自身的社会活动为教育过程的中心,教师只是学生发展的"仆人""辅导员",抹杀了教师的主导作用。

(三)对学生地位的辩证认识

尽管教师中心论和学生中心论均存在一些积极因素,但没有从多个角度反映学生的本质属性。学生本质属性具有二重性特征:一方面,学生是人,拥有思想感情、智慧才能以及主观能动性;另一方面,学生是不断发展的人,学生拥有发展的潜在可能性以及身心发展的特殊性,在成人关怀的情况下方可顺利完成学习任务与发展任务。正确的学生观不仅将学生当成教育客体,由此强化对学生的教育与引导,还会将学生当成学习与发展的主体,由此努力调动学生的能动作用,促使学生生动、活泼、主动地学习。在体育教育的全过程中,学生反映了主体和客体的辩证统一关系。

尽管教师中心论和学生中心论是两种差别较大的观点,但都属于单主体论,都指出体育教育过程尽可以存在一个主体,即教师或学生中的一个。但从本质来分析,学生在认识方面同时充当着主体和客体两种角色。由此可知,在体育教育过程中,学生不但是体育教育的客体,而且是学习的主体,是主体与客体的辩证统一体,不存在矛盾关系。

1. 学生是教育的客体

主体与客体在哲学上辩证地说是一对互为依存的概念,既没有孤立的主体,也没有孤立的客体。我们说学生是教育的客体,同时也就意味着教师是教育的主体。在师生共同参加的教育活动中,学生以学习为主要任务,是教师施加教育影响的承受者。教师通过有目的、有计划、有组织的教育,把社会的一定要求转化为受教育者内部的需要,使学生的身心由已有的水平向新的发展水平转化。从这一角度讲,学生是教育对象,处于客体地位,而教师处于施教地位,发挥主导作用,是教育活动的组织者和领导者,是知识的传授者,掌握着整个体育教育活动的方向和进程。这是以学校为主要环境,在教师指导下全面学习与自发性学习的本质区别所在。在体育教育过程中师生的这种主客关系不容否定。

2. 学生是学习的主体

在体育教育的整个过程中,教师所教内容并非简单输送或移植给学生,相反必须要有学生主体化过程,具体就是学生主动学习的过程。学习活动的本质是主体行为,任何人都无法代替。就这个角度展开分析,学生就是学习绝对的主体。和学习主体是对应关系的学习客体,不但有教师施加的全部教育影响,而且教师本身也涉及在内,教师同样是学生学习的对象,教师拥有被学的客体地位。例如,教师的动作、语言乃至性格。因此,包括知识传授、智力开发、技术技能培养、品德形成等在内的教师全部教育影响均无法由教师独立完成,必须要转换成学生的主动思考和身体练习,如此才能内化成主体身心的一个组成部分,所以说学生是体育教育成果的反映者。

体育教育过程不单是教师输出、学生接收的外导过程,同时也是师生之间双向互动的过程,是充分发挥教师和学生主动性和积极性的过程。当然,学生的主动性并非单单是自发产生的,而是多种因素形成的,某种意义上说,教师的启发引导是非常重要的。学生的主体意识一经形成,就有着相对的独立性,从而对体育教育影响表现出选择性和倾向性。所以作为体育教育主体的教师,其主导作用首先在于发挥,调动学生的主观能动性,增强学生的主体意识,使学生变被动为主动,真正成为学习的主人。

3. 学生是主体与客体的辩证统一体

对于教育过程来说,学生拥有主体与客体的双重特征。仅承认或重视一个方面,在理论方面欠缺科学性,在实践方面存在负面作用。教育实践表明,当学生客体地位被承认后,则可以对教师主体地位形成更加清晰地认识,从而使教师主导作用发挥到极限,全面激发学生的学习动机,使学生学习的自觉性和积极性得到激发;承认学生的主体地位,也会明确教师的教育影响和教师本身的客体地位。体育教育的知识都必须以学生自身的积极活动为中介,才能纳入受教育者的主观世界。学生的客体地位是学生接受教育的前提,学生的主体地位是学生接受教育的关键。需要重点说明的是,在教育过程中,学生同时充当着主体和客体两个角色,这是相对于多个角度来说的。对于整个教育过程来说,站在教师教的过程来分析,学生是客体;站在学生学的过程来分析,学生是学习的主体。但是,从相同意义或角度来分析,学生同时是主体和客体是不可能的。

明确将学生当成学习主体,高度重视学生在体育教育过程中的主体地位,是教育理论和实践不断发展、不断进步的一项重要标志。如今,广大群众都对人的问题的研究形成了崭新概念,对人的主体性发展形成了现代意义的思考,人们追求的是人和社会的协调发展以及个体自由的充分发展。为充分适应时代发展需求,在现代教育高度的基础上,由传统教学论逐步过渡到主题教学论,属于根本性的改变。主体教育的观念,把学生当成具体的、有生命的、个性多元化的、持续发展的认识主体,是拥有主观能动性的独立个体与群体。将教学过程视作学生在教师指导下有目的地去获取对于客观世界的认知,进而发展社会适应性的能动的反映过程。最终得到学生是认识的主体,发展的主体的结论,在教学过程中表现出独立性、主动性和创造性,他们的实践活动则决定着认识的起点、范围、程度和个体差异。

在现阶段,我国体育教育工作者一致认为:"培养学生主体性是当代教育的主题,是正确做出教育价值取向、提高教育质量与人的素质的关键。"部分学者通过主体性发展实验研究,深入探索了以主体教育思想为核心的现代教育观,指出具体内涵涉及以下几个方面。

第一,看到每个学生都是特殊个体,需要充分信任、尊重和关怀,并且必须理解学生;第二,给每个学生提供思考、创造、表现及成功的机会,其关键在于促进发展;第三,相信所有的学生都能学习,都会学习,需要的是耐心与指导,在指导过程中要区别对待,因材施教;第四,实施体育教育要保证富有特色,促使所有学生都能自觉发展自我,形成区别于他人的特色。毋庸置疑,对主体教育理论的内涵和实质需要更加深入地探讨,但将学生生动、活泼、积极发展当成内容的现代教育意识,已经被更多人认识。

二、大学生的生理特征与体育教育

(一)大学生的生理特征

在大学时期,学生们正处在人体生长发育的最后阶段,身高增长速度出现减缓,肌肉开始朝着横向发展且发展速度较快,肌纤维增粗程度日益明显,肌肉的力量与耐力明显增加,肌肉机能越来越完善,身体动作协调性和控制身体的能力有了显著改善。该阶段肌肉重量达到身体总重量的40%左右,骨骼已经大体成型。倘若该阶段学生有目的地增加体育锻炼,则能够让肌肉更加发达,也能有效改善神经系统控制肌肉的水平,推动肌肉更加快速、更加精准地反应不同刺激,推动全身肌肉工作时更加协调。体育锻炼能够让骨骼更坚固,大幅度增加关节的灵活性与稳定性。在体育锻炼的过程中,大学生必须使用科学的身体姿势,尽可能让身体全方位发展,由此推动肌肉与骨骼实现继续发育生长。

人体在大学生时期神经系统逐渐趋于完善,神经活动开始稳定,注意力集中能力更强,能以较快的速度掌握复杂的运动技能。这一时期人的抽象思维能力强,综合分析能力有了显著的提高。大学生的心脏发育以及植物神经系统对心脏的调节日趋完善,每搏以及每分钟的输血量相比之前明显增加,这时心脏能力除了能满足生长发育的过程当中物质代谢的基本需求,还能为身体长时间紧张的肌肉活动提供支持。女生的心血管机能相较于男生而言发育得较为缓慢,耐力较差,适应能力较低。

（二）大学生的生理特征与体育教育

体育锻炼不仅对大学生中枢神经系统的工作水平有改善与提高的作用,也能让大学生的头脑更清醒、精力更充沛、动作更有力、思维更敏捷,可以让学生的学习能力得到大幅度提升。除此之外,体育锻炼还能使心血管系统结构更加完善、机能获得大幅度提高、神经系统更加灵活地调节心血管活动,由此使其工作能力得到大幅度改善。由于骨骼的增长,胸廓扩大,大学生的呼吸肌也比少年时期增强,呼吸深度增大,频率减少,呼吸差、肺活量均增大。随着呼吸系统发育日益完善,最大摄氧量与负氧债的能力也提高了。我国男大学生的肺活量一般为 3 800～4 400 毫升,女大学生一般为 2 700～3 100 毫升。体育锻炼可以加强新陈代谢,增强心肺功能,提高身体抵抗能力,改善呼吸系统的功能。

三、大学生的心理特征与体育教育

（一）大学生的心理特征

在心理上,大学生的注意力已达到成人水平,有意注意可以达到连续维持 160 分钟左右的水平。在感觉能力高度发展的基础上,记忆力进入了一生的最强时期。在思维上,抽象逻辑思维更灵敏和准确,思维的独立性和批判性有很大的发展,思维的创造性不断增强,思维的辩证性也有一定的发展。大学生的想象力和主动性越强,则受思维的控制程度越大,创造性想象越多,合理性越明显。分析大学生可知,他们的情感内容十分丰富,且强度较大,持续时间比较长,表现形式朝着间接化方向发展,越来越多的时间被理智所控制,理智在他们的生活中占据着突出地位。美感越来越丰富多彩,充满理想化,道德感奋发向上,该阶段的学生往往均会产生爱情的需要,爱情不仅能为大学生的情感生活增加新鲜内容,对大学生的学习生活也有多方面的作用。教育者需要对其高度重视。

（二）大学生的心理特征与体育教育

随着大学生的自觉性不断增强,其意志会逐步占据优势,高校体育教师需要对学生实施有目的的性教育,将"终身教育"为指导,通过多种途径来培养学生的体育意识与体育文化素养,促使学生形成锻炼身体的良好习惯,有效发展学生的个性,保证每个学生都具备终身体育锻炼的能力,同时在锻炼中形成坚定的意志品质。

第三节　高校体育教育发展中和谐师生关系的构建

一、高校体育教育发展中构建和谐师生关系的意义

（一）有助于营造民主、平等的教学氛围

民主、平等氛围的形成,是构架于和谐的师生关系之上的。当代大学生已完全不同于在计划经济条件下成长起来的青少年,现代化的社会生活、现代化的信息传媒构成了他们成长的起点。在市场经济与改革开放条件下,当今大学生的现代意识越来越强

烈,他们比任何历史阶段的青少年对民主与平等的要求更高。和谐的师生关系不仅能向学生创造出民主环境,还能对教师和学生的自由交流有积极作用,能够有效发挥学生的个性与创新性,有益于学生更加睿智并产生灵感,对传承与创新科学文化具有积极作用。

(二)有助于形成良好的教风和学风,提升教学有效性

教风与学风相互影响,相互促进。在和谐的课堂里,学生不仅可以保持良好的课堂纪律,而且精神饱满,积极练习,形成了良好的学习风气。站在教风的角度来分析,和谐的师生关系一定对推动教师爱岗敬业以及严谨治学有积极作用。在体育教育中,身体练习往往是主要内容,教师和学生的投入情况往往对教学质量和学习质量具有积极作用。在和谐的师生关系下,教师喜教和学生乐练必然会达到高效率的教学与学习。

(三)有助于培养学生良好的人格

和谐的师生关系有利于促进学生相互交往和培养学生团结协作的精神。师生关系的和谐有利于调动课堂氛围,对学生间的关系产生积极影响,尤其在高中体育模块选修教学中,和谐的课堂氛围可使不同班级的学生在课堂上广泛接触,相互了解,增进友谊,提高学生的团结协作能力。

由此可知,良好的师生关系对体育教育的教学有积极作用,能够使学生社会适应水平得到大幅度提升。社会心理学研究证实,融洽且和谐的师生关系能够调适学生心理并使其心理健康问题得以消除,对学生人格发展具有积极作用,能够促使学生形成健康向上的人生观与世界观。所以说,和谐的师生关系是顺利达到体育教育课程培养目标的一项重要保障。

(四)有助于学生养成良好的体育习惯和体育能力

高校体育教育的目标不仅在于增强学生体质,还在于培养学

生的体育习惯与能力。体育教育中和谐的师生关系有利于学生培养体育兴趣,提高体育活动的组织能力,养成良好的锻炼习惯,不仅有益于学生的身体健康,还有益于学生综合素质的提高。

二、高校体育教育发展中师生关系不和谐现象

经过调查得知,高校体育教育发展中师生关系是相对和谐的,尊师爱生以及尊师重教的传统美德得到了较好传承和发展。但不能否定的是,教师和学生中确实有很多不和谐状况,可以将其划分成四种类型。

(一)变味"民主"型

一些高校体育教师在"民主"的旗号下,对学生只是盲目地迁就、迎合及讨好,对体育教育持有应付的态度,课堂纪律比较散漫,没有制定严格的考试标准,从外表看师生关系十分和谐,但本质上两者都在消极怠工,学生除学习成绩外不可能有任何收获。

(二)冷漠疏远型

因为教师和学生没有深入了解,没有稳固的情感基础,存在比较大的心理距离,虽然教师和学生之间相安无事,但关系比较疏远。体育运动向师生交流提供了良好平台,但很多师生仅仅把教学当成需要完成的任务,未能构建出良好的师生关系的意识,造成教师和学生之间的关系越来越疏远。

(三)厌烦压抑型

由于教师只在意自己的教学,一味让学生学习规定的教学内容,很少给学生自由发挥的空间,教师不与学生进行互动,教师批评多鼓励少,师生关系压抑。部分体育教师没有将教学和训练区分清楚,教学方式死板,对学生要求过严,使本应该充满趣味性的体育教育变得呆板压抑,反而影响了教学效果。

（四）对立冲突型

对立冲突型是师生关系中最不和谐、最糟糕的状态,这种师生关系在体育教育中比较少见,具体表现是师生之间都不认可,有时还会出现彼此刁难的现象,教师通过分数来专门刁难学生,学生在课堂上专门冒犯教师,有时会由敌对情绪转变成肢体冲突。对立冲突型关系是师生关系中最恶劣的关系,对体育教育有很大的负面作用。

三、高校体育教育发展中师生关系不和谐现象的原因

（一）缺乏"以学生为主体性"的意识

很长时间以来,高校体育教育都有忽视乃至无视受教育者主体性的弊端。就体育教育而言,教师和学生是截然不同的社会群体,同时两者的社会地位也截然不同。教师是社会的代表,具备社会给予的特殊地位、特殊权利以及特殊义务。体育教师在教学过程中往往希望能够支配、控制学生,而忽视了学生的主体地位。与此相反的是,由于当今高中生大多是独生子女,喜欢以自我为中心,不愿受教师过多的限制,希望自己在行为上有更多的自主权,部分学生虽心存不满却不得不接受教师的约束,个别情绪激动的学生则会和教师发生冲突。这种不重视学生主体地位的教学思想是师生关系不和谐的主要原因之一。

（二）师生之间缺乏交流

师生交流不足是"冷漠疏远型"和"厌烦压抑型"师生关系的突出表现。导致师生缺乏交流的因素包括两个方面,分别是学生与学校。体育教育的主要目的是为了引导、教育和管理学生,这导致多数师生交流以单向为主,基本上是教师讲解、示范,学生听讲、模仿。师生交流的内容主要局限在教学方面,涉及生活方面

的内容较少,因此难以形成心灵沟通。对于师生交流的时间与空间,课堂是其常见的交流场所,课后教师往往会匆匆离去,等下节课后方可和学生见面。具体原因包括两个方面:第一,高校教师承担的教学任务比较重,顾及全体学生的时间与精力严重不足,进而使得教师和学生之间的关系越来越淡漠、越来越疏远,特别是心理距离越来越大;第二,随着科技不断发展,学生获得知识的渠道越来越多,学生能够从很多种媒体中得到体育信息,这无形中减少了教师和学生当面交流的时间。

(三)重教学轻育人的消极影响

虽然部分体育教师在教学中认真负责,但只关注教学内容,没有在培养学生全面发展能力上投入适度的注意力。例如,尽管部分学生是体育特长生,但已经染上了很多社会恶习;很多学生十分努力,但不能做到尊师重教;许多学生将体育课视为可以完全放任自由的课程,对教师的课堂安排采取抵制的态度;部分学生对学校和教师过于挑剔,上课不努力学习,平日不参加体育锻炼,而体育教师却疏于用制度或课堂常规约束管理他们。这些现象都是因为教师没有对学生进行全面教育所导致的,对师生关系的和谐发展会产生消极影响。

四、高校体育教育发展中构建和谐师生关系的要求

(一)打破"师道尊严""唯师至上"的观念

教师要与学生建立一种平等的关系,而学生要把教师当成自己的良师益友,要做到这点,关键的一点就是教师必须要有爱心,多关心自己的学生,从而感染学生,产生尊师、信师感。部分教师受传统教学陋习的长期作用,觉得教师与学生之间一定要维持适当距离方可对教学产生积极作用。甚至在封建思想的长期作用下,过度重视教师的权威作用,认为教学应当以教师为中心,没有

对学生主观能动性予以高度重视,这种思想具有很大的负面影响。正确做法是破除教师和学生之间的界限,在体育教学实践中合理发挥鼓励的作用。

（二）了解并尊重学生,发展个性,因材施教

大学生的身心发展都接近于成熟,他们活泼好动,兴趣广泛,思维与鉴别能力较强。首先,高校体育教师应当对学生情况有全面掌握,了解学生的性格、兴趣、特长、心理活动等,从而顺利进入学生的内心世界,保证对症下药;其次,高校体育教师要保证教学中的公平,认真对待所有学生;最后,要充分尊重每位学生的个性特征,始终贯彻因材施教等原则。在高校的体育教学实践中,具体表现是教师以学生为中心,充分满足学生的恰当需求。

1. 心理换位

心理换位应当贯穿整个大学体育教学的始终。所谓心理换位,就是教师和学生进行角色互换,设身处地地为学生着想。国内外的不少研究实践证明,心理健康是影响大学体育成绩的关键因素之一。由此可知,高校体育教师不仅要认真教学,还要认真学习大学体育心理学知识,同时在体育教学实践中全面掌握学生的心理规律,在教学过程中充分利用这些心理规律来影响学生。通常情况下,大学生的心理特征包括叛逆、自尊心强、喜欢依赖,高校体育教师应当紧抓这些心理特征,积极与学生形成朋友关系,努力获得学生的认可与支持。

2. 公平公正地对待每一位学生

在体育教学过程中,绝不能因为体育基础或出于其他原因对某些学生存在偏心。体育教师一定要公正平等的对待每一个学生。例如,当部分学生因为基础薄弱或身体素质问题难以掌握体育技能时,教师不可以对他们持有歧视态度,应当增加自身的耐心与细心,向他们提供同样的关怀,同时运用科学的教学手段来改善教学效果。

3.适应差异因材施教

"高校学生年龄、性别、个性等方面存在差异,作为高校教师在体育教学中应根据学生的心理特点,因材施教,区别对待,适应差异。"例如,在教学实践中,有时有的学生学习积极性不高,站在一边观看,这多半是身体素质差,基础不好的学生;另外还有基础和素质较好,接受能力强的学生很快掌握了动作,教师又没有新的东西教他们,造成了他们的情绪不高。当出现此类现象时,针对基础薄弱的学生,体育教师应当积极鼓励与帮助,从而使他们获得战胜挫折的信心,通过各种方式来教会他们;针对基础较好的学生,体育教师应当结合实际情况,向他们提出更高的要求或指导他们帮助差生,激发其学习主动性。在体育教学过程中,教师应当及时掌握学生各方面的情况,同时联系学生的实际情况来区别对待,保证基础好的学生能够发挥自身特征,基础一般的学生信心百倍,基础薄弱的学生也能有较强的学习热情。

(三)强化师生合作,教师树立良好的自身形象

新时期学生在思想、生理上都比教师同龄时期成熟一些,他们有着丰富的人文科学知识、广泛的兴趣爱好和校内外各阶层的朋友,这些都会影响着他们的言行。通过与学生的交流,不但能获取不少新知识,增加新思路,而且通过频繁的接触,会更有效地做好他们的引导工作。

首先,高校体育教师在平时也要加强业务学习,不断扩大自己的知识面,从而提高自己对学生的吸引力;其次,高校体育教师应当以身作则,时刻树立积极向上的形象;最后,体育教师应当主动完善教学手段,在教学实践中同样娴熟的运动技术来强健体质,形成严于律己、以身作则的良好道德品质,从而在无形中对学生产生积极作用。

(四)保证教学形式多元化,寓教于乐

兴趣是最好的老师,所有高校体育教师都明白这个道理。然

而兴趣并非是与生俱来的，是后天逐渐培养成的。因而体育教师在教学活动中需要坚持以鼓励学生为主，推动更多学生深刻感受成功带来的快乐，反复挖掘与开发自身的潜能。在教学过程中，应该根据青年人爱美的特点，教学中穿插一些健美、形体课，使学生了解体育与美育的关系，从而激发自觉锻炼的积极性。

（五）培养并发展体育积极分子

体育积极分子对于改善大学体育课堂师生关系起润滑剂的作用。他们能带动其他同学提高体育课的兴趣，通过他们的带头作用，可以拉近体育教师和其他同学的关系。如在体操或球类等技巧性教学时教师可以要这些同学作示范动作，发挥小助手的作用，成功地成为教师和其他同学沟通的桥梁。总之，和谐的师生关系不仅能激发学生对体育学习的积极性、主动性和创造性，提高教学效果，还有利于学生良好道德品的质形成和健康心理的发展。

上述五个方面，在构建和谐师生关系的过程并非是孤立存在的，而是相辅相成、密切关联的。在体育教学过程中，需要对教师和学生之间的关系进行正确认识与把握，构建出良性互动的新型师生关系，如此方可推动体育教学改革，大幅度提升教学质量，从而更好地适应高校素质教育工程的实施，最终培养出符合社会要求的合格人才。

五、高校体育教育发展中构建和谐师生关系的策略

（一）崇尚"以人为本"的教学思想

1. 体育教师应树立"以人为本"的思想

在授课过程中，教师是主导者和组织者，学生是学习的主人，在学习中占据主体地位。高校体育教师要想有效处理教师主导性与学生主体性之间的关系，必须先树立积极向上的学生观，对

学生人格发展和主动精神充分尊重,做到理解学生,热爱学生,重视学生的意见。教师尊重学生会赢得学生对教师的尊敬和崇尚,从而对教师的语言和举止感到亲切自然,易于被学生理解和接受。

2. 培养学生的主动参与意识

在体育教育中,需要时刻提倡启发教学和因材施教,保证学生在体育教育过程中做主角,组织学生全身心地感受和体验。创造能力是反映学生主体作用的重要方面之一,在体育教育过程中需要着重培养学生的想象力和创新意识,推动学生形成积极创新、独立思考、自觉锻炼的良好习惯,彻底打破体育教育时空的封闭性,给学生预留更多探索、思考以及创造的时间,为学生锻炼与发展提供宽松的空间。

(二)充分发挥教师的引导作用

1. 用饱满的情绪去感染学生

教师积极的情绪对学生有直接的感染作用,有利于调动课堂氛围,而课堂氛围又是体育教育心理环境的重要组成部分,学生对体育的兴趣、爱好、动机等总是在一定的体育课堂情境和气氛中产生的,良好的体育课堂氛围一旦形成,往往具有很强的感染力,可以催人奋进。

2. 满足学生的成就感,激发学生的求知欲和创造力

在体育教育中,绝大多数大学生都会自觉配合教师指导,想要在体育活动中得到老师和同学的称赞。作为一名高校的体育教师,应当抓住学生渴望表现的心理特征,尽可能发挥学生的主体能动性,使其获得比较高的自我效能感。对于教学方法,应当尽可能多地使用"寓教于乐"原则,利用新颖、多样、高效的教学方法来激发学生对体育学习的积极性,正确指导学生的学法,有效

提升学生的自学水平和自练水平,努力向构建和谐体育课堂提供稳固的能力基础。

3. 营造宽松的教学环境

体育教育中应当把统一的规范制度减少到最基本、最必要、最原则的限度。作为一名教师要允许学生失败,教师应尽量运用"无错原则",避免使用挖苦、讽刺的字眼,在发现问题时,适当进行善意纠正或是鼓励,积极创造一种相对宽松的环境,帮助学生弄清问题产生的原因,充分发挥学生分析问题和解决问题的能力。

4. 发挥积极因素的影响,避免消极因素的影响

在体育课堂教学中,体育教师应当做到"眼观六路,耳听八方",能够及时掌握不同种类的积极情景,同时通过利用这些情景来调节与优化体育课堂教学氛围,有效改善课堂教学的环境质量,对包括场地局限、天气因素以及学生间冲突在内的各项消极因素进行及时处理,从而避免这些消极因素对正常教学气氛产生干扰作用。

(三)拓展教学目标,重视素质教育

1. 要重视对学生的品德教育

体育教育中的品德教育要避免用传统教条式的教育方法。俗话说"以学为师,以德为范""学高为师,德高为范"。因此,高校体育教师应当坚持提升自身的业务水平,通过扎实的知识和较高的才能来获得学生的尊重,还要坚持提升品德修养,每时每刻都要为人师表,通过高尚有师德、独特的人格魅力、紧跟时代的思想给学生带来潜移默化的作用。

2. 培养学生的综合能力

针对学生体育兴趣和特长进行专门的培养可使师生关系得

到进一步发展。体育教师应多关注学生的自主学习过程、体育兴趣、课外体育锻炼情况，及时听取学生的反馈意见。在体育教学过程中，教师需要通过多种渠道来调动学生主观能动性，为学生带操和当裁判提供机会，将培养体育能力融入整个教学过程。大力培养与使用体育骨干，培养学生的体育特长，对学生组织能力与指导能力展开重点训练。

3. 合理的评价体系也是构建和谐师生关系的保证

高校体育教师应当尽可能构建弹性较大、切实可行的教学评价体系，缩减对"技术性"内容的评价，增加"教育性"内容的评价，尽全力创造出开放、自由、民主的体育教育空间，构建出"可持续发展"的教育模式，努力让教师和学生间因评价产生的隔阂与负面作用降至最小。

（四）完善教学方法，因材施教

随着高中体育教育课程改革的深入，现代先进的体育教育理念和教学模式已经得到不同程度的接受和运用，如"自主、合作、探究"的教学模式的灵活运用活跃了课堂气氛，拉近了师生之间的距离，使师生关系得到一定程度的改善。然而要构建和谐体育课堂，不是简单地改变一下教学方法就能达到的，它要求教师及时了解体育教育任务、目标、要求以及学生现有的体育基本知识和基本能力，善于发现影响课堂不和谐因素和学生学习上的困难，并在与学生交流中及时地给予帮助和指点。

与此同时，不同种类的教学方法并非固定不变的，必须要结合实际情况来灵活运用。就体育教育过程而言，高校体育教师可以运用统一指导与学生自学、统一练习与自由练习、统一要求与个别要求相结合的教学模式，根据各项标准来正确分组，同时实施分层教学，保证所有学生都能体会到体育教育的主人就是自己。在贯彻因材施教的情况下，方可有效调动学生的兴趣与自觉性，彰显学生的主体作用，最终促使学生顺利完成各项教学内容。

（五）建立交流平台，增强师生互动

体育教育区别于其他课程的特征之一就是体育教育具有强烈的实践性与师生互动性。学生通过师生在体育教育中的运动体验，可真切体验体育锻炼所带来的乐趣。师生之间的和谐互动是成功教学的主要特征，通过师生间的交流与沟通，营造一个和谐的人际氛围，促使学生通过身体锻炼，在互动中学习和发展。因此，把师生互动置于教学过程的中心，并使其主导教学方向，这是和谐课堂教学模式的本质要求，也是发挥其功效的根本所在。在体育教学的实践过程中，应当彻底打破师生交流的单向性，保证师生交流具备多元化特征，可以是语言交流，也可以在体育活动中进行交流。除此之外，体育教师要保证所有学生都拥有普遍交流的权力，保证所有学生可以充分表达意见，向学生提供人格发展的良好机会，教师应当充当学生尊敬的长者、合作伙伴、学习讨论对手、交心挚友、练习指导者。

课内的师生互动具有局限性，需要通过课外的互动来弥补。体育教师要想真正了解学生学习的状况，想知道学生有什么样的体育需求，就必须放下架子，主动接触学生，参与学生的体育活动。学校应积极鼓励成立各种体育俱乐部，并鼓励教师介入俱乐部中，对学生进行辅导。在学校的体育比赛中，教师既应该是管理者，又应该是指导者，甚至可以投入其中成为参与者。除此之外，学校可以构建出教师定期指导学生和答疑学生的制度以及师生相互联系的制度，将教师和学生只能在课堂上面对面的局限性彻底打破，有效增加教师和学生的沟通频率，拓宽教师和学生的交往渠道，推动教师和学生在思想方面进行沟通。

第六章　高校体育教育载体的发展与探讨

在高校体育教育中,所有的体育教育活动的开展都需要有一定的载体作基础,通过载体来达到相应的教学目的。由此可见,载体在高校体育教育中发挥着非常重要的作用。本章就高校体育教育载体的发展进行探讨,内容包括体育课程概述、体育课程的编制、体育课程的学习与评价以及体育课程内容资源的挖掘与开发。

第一节　体育教育载体——体育课程概述

一、体育课程的概念

（一）课程的概念

在现代学校教育活动中,课程占据着非常重要的地位,其是所有教学活动的基础和核心。一直以来,研究人员针对课程进行了悉心研究,但因为研究角度和出发点存在差异,再加上课程自身的复杂性,研究者们所得出的课程概念并没有达成统一。

关于"课程"的由来,其最初是来自于希腊文,原意为"跑马道",之后被引申为教学进程或学业进程。"课程"的含义在英文中是很不确定的,在有关课程的文献中,可以发现关于课程概念的不同看法。在《教育技术用语词汇》中,联合国教科文组织将"课程"定义为"在某一特定学科或层次的学习的组织";而在《简明国际教育百科全书·课程》一书中,则有着关于课程的多种定义,具体如下。

(1)塔巴认为,课程是一种学习计划。

(2)史密斯等人的观点是,课程是在学校建立的一系列具有潜力的经验,目的是训练儿童和青年以群体方式思考和行动。

(3)福谢伊的观点是,课程是学习者在学校的指导下所学得的全部经验。

(4)鲁格将课程定义为:课程是学校的生活和计划,一种指导生活的事业,是构成一代又一代人生活的生气勃勃的生活流。

(5)课程是一种对教师、学生、学科和环境等教材组成部分的范围的方法论的探究,这是韦斯特·伯里和斯泰默关于课程的定义。

(6)关于课程,古德认为课程为学校传授给学生的、旨在使他们取得毕业、获得证书或进入职业领域的资格的教学内容和具体教材的总计划。

(7)贝斯特认为,课程必须基本上由五种大范围的学科学习组成,它们是:掌握母语,系统地学习语法、文学和写作;数学;科学;历史;外国语。

(8)课程被看作是有关人类经验的范畴,而不是结论的可能思维模式的不断扩大的范畴。这是贝尔思有关课程的定义。

(9)课程是通过有组织地重建知识和经验而得到系统阐述的有计划、有指导的学习经验和预期的学习结果,在学校的帮助下,推动学习者个人的社会能力不断地、有目的的向前发展。这是坦纳对课程的定义。

课程在我国教育学中,被界定为系统的、有计划的教学内容,是诸多教学科目的集合。具体来说,课程就是"教学计划""教学大纲"和"教科书"所规定的和表述的那些教学内容。李秉德教授认为,课程就是课堂教学、课外学习以及自学活动的内容纲要和目标体系,是教学和学生各种学习活动的总体规划及其过程。

（二）体育课程的概念

作为课程的下位概念,体育课程在学校课程中占据着至关重要的地位。由于课程的概念尚未达成统一,对于体育课程的概念也是存在不同的看法。以下主要就几种比较常见的体育课程概念进行介绍。

（1）体育课程是指为实现学校体育目标而规定的体育内容及其结构、程度和进程。它包括体育课程目标、体育课程内容、体育课时分配、课外体育锻炼等。体育课程不是一门学科课程,而是全面发展教育的一个方面的课程。

（2）体育课程是以发展学生体能增进学生身心健康为主的一种特殊的教育性课程,它与德育课程、智育课程、美育课程、劳动教育课程相配合,共同促进学生身心全面发展,是整个学校教育的一个方面的课程。

（3）体育课程是指在学校指导下,为了使学生能在身体、运动认知、运动技能、情感和社会方面和谐发展的,有计划、有组织的活动。

总的来说,对于体育课程的概念,是仁者见仁,智者见智的。虽然对于体育课程概念的认识各不相同,但通过对人们对体育课程的看法,可以发现,人们对于体育课程的观点,在以下几方面是一致的。

首先,体育课程在学校教育中是一门具有综合教育功能的课程,在素质教育实施方面发挥着非常重要的作用。

其次,作为一种比较独特的教育方式,体育课程需要学生亲身参与身体运动才能实现,同时使学生能够在身体练习和身体直接感受中提高自身的体能,促使自身的心理品质得到很好的发展。

再次,作为一种科目,体育课程是以其他相关学科作为基础的,其主要内容就是传授身体运动原理,促使学生的运动能力得到提高,同时使其掌握运动原理。

最后,体育课不是体育课程实现课程目标的唯一形式,学校其他有计划、有组织的体育活动也是其重要途径,依托于体育课堂教学,延伸至丰富多彩的课余体育活动是体育课程的形式。

从以上对于体育课程的共同认识来看,可以将体育课程定义为:体育课程是在相关学科的基础上,将保健知识、身体运动原理作为内容,以学生直接身体运动为形式,有组织、有计划地开展课内外活动,从而实现提高人体机能、发展心理健康目标的学校教育科目。

二、体育课程的结构

体育课程结构是指将课程内容按照一定的标准进行选择和组织起来而具有的各种内部关系。作为学校教育的重要内容,体育课程的教学目标、教学内容及教学方法都非常独特,因此体育课程的结构也具有其自身的特点。下面对体育课程的结构进行介绍。

(一)体育课程的内容

内容在体育课程中是非常重要的,就某种程度来说,所有的课程问题,基本上都是内容问题。也就是说,课程的目的、设计、实施以及评价都与课程的内容有直接的关系,这主要是因为对课程的设置与安排都可以理解为围绕课程内容的设置与安排。就体育课程来说,体育运动技术、运动原理、健康保健知识,以及围绕这些内容而开展的课余体育活动、大课间体育活动、各种运动会以及单项体育竞赛等都是最直接、具体而实在的。所以说,体育课程的内容是促使课程目标得以实现的实体。

体育课程有着非常广泛的内容,具体包括体育基本理论知识、各种身体运动素质锻炼内容和多个运动项目的技术技能等。体育课程内容的来源素材不仅丰富多样,而且十分复杂和繁乱,它主要由众多的运动项目和身体练习组成。通过体育课程内容的教学要达到的目的主要有使学生获得一些与健康生活、体育运动密切相关的知识和原理，使学生通过身体练习体能得到提高，让他们掌握进行自身体育健康促进的能力，并通过以身体活动方式为主的课程，培养他们良好的心理水平。从上面的论述中可知，体育课程的内容很多，体育课程教学的任务也很艰巨，这决定了体育课程内容的选编既有很宽广的可能性，同时也面临着对教材进行合理选择的困难。

体育学科的发展历史还不够悠久，甚至可以说它是一个年轻的学科，因此对于体育学科的特性和本质并没有形成一个定论，仍需要众多的体育工作者进行更为深入的研究。随着时代的变迁，人们的生活和工作的诸多方面都受到了体育学科的影响，随着社会背景的变迁，体育的功能和价值也在不断地变化，在原有基础上，涌现出了各种新的外来运动文化和形式，在这种情况下，构建体育课程内容也就变得更加复杂和困难。如何科学选择构建体育课程的内容是当前阶段体育学科的核心问题。所谓的科学选择就是在对课程内容进行选择时，一方面要对体育学科的本质属性进行把握，另一方面同社会的发展和人才培养的目标进行有机结合。

（二）体育课程的时间和空间

时间和空间问题也是体育课程的重要结构。从某种程度上来说，体育课程的时间和空间会对体育课程内容的编排产生影响。

在学校教育中，体育课程是其中非常重要的内容，它是学校教育阶段持续学习时间最长的一门课程。而体育课程的时间问题就是指体育课程的这种时间上的持续性，它从小学开始到大学毕业始终伴随着学生的成长。从学生方面而言，随着时间的推移，身体和心理会发生一定的变化，因此，在不同的阶段，学生在身心方面的特点都会表现出不同，而体育课程内容的选择与编排必须从不同年龄阶段学生的身心实际状况出发，这样才能做到选择的合理与有效。在体育课程内容先后顺序的安排中，学生身心发展的规律有着重要的指导作用。不同的年龄阶段，需要培养发展的能力是不同的,这也是开设(或特别侧重)特定体育课程内容的依据,因为只有在力量、协调或者运动文化理解形成的最佳期,开设相应的体育课程内容,才能获得最为理想的效果。因此,学生较长的成长过程,以及在不同年龄阶段学生的生理和心理特点和需求是体育课程的编排中必须充分考虑的问题,同时也要对课程内容和不同年龄阶段学生的适应性进行研究,以这些条件为根据来对课程的内容以及进度进行安排,使内容顺序得到合理构建,使体育课程发展成为更加完善、科学的体系。

同其他学科课程相比,体育课程有很多不同之处,其中,体育课程的教学内容和组织形式需要有一定的广阔空间,甚至以场地来进行命名,如"沙滩排球""田径""郊游"等。如果这些体育课程内容离开了特定的空间就会发生质的变化,甚至内容本身就不复存在,这就是体育课程的空间问题。因为空间会限制体育教学内容,使得体育教学内容在很大程度上依赖于场地器材,因此,场地、器材、规则就成为体育教学内容的重要组成部分。这就需要我们在编排体育课程的过程中,要对学校自身的条件、学生人数和不同运动项目所需的空间问题进行充分考虑。

(三)体育课程实现的载体

课程就是课堂教学、课外学习以及自学活动的内容纲要和目标体系,是教学和学生各种学习活动的总体规划及其过程。

体育课程的内容包括体育课堂教学、校内组织的其他形式的体育活动以及各种体育辅助材料和相关的体育教材等,只有通过这些内容作为载体才能够呈现出体育课程,才能使体育课程教学目标得以顺利实现,这些载体是体育课程达成目标必须具备的条件。

体育课程主要是将学生的身心发展作为出发点,遵循基本的科学性、教育性原则,将与体育锻炼相关的基础知识通过课堂教学活动传授给学生,对学生的运动技能进行培养,促进学生体能的发展,促进其身体健康发展,而且还为学生进行终身体育锻炼打下基础。而如大课间体育活动、课后体育活动、体育竞赛等校内各种其他体育活动,则是在更大范围内对学生进行组织和调动,使其积极进行体育锻炼,让学生在不同的场合和情境中获得有关体育方面的感受,从而进一步落实和促进学校体育课程目标的实现。

此外,在实现体育课程目标方面,体育教科书也是一种载体。在体育课堂中,通过教科书,学生能够学习到相关的知识和运动技能,在课堂结束后,通过查阅教科书,学生能够对课堂知识进行巩固;作为一种辅助性学习手段,教科书在课堂上还可以充当记录手册、学习卡片等作用,促进达成教与学的目标;通过教科书,学生还能够不断扩大自己的体育知识面,不断深入地了解体育。体育课程正是通过这样一些载体最终得以实现。

三、体育课程的特征

(一)内容的非逻辑性

逻辑关系和并列关系是大多数学科课程内容的逻辑性的主要体现,如物理、化学、数学等学科,它们的内容结构主要是一种逻辑的内部关系,如数学的加减法必在乘除法之前,乘除则必在混合运算之前,等式必在不等式之前,一次方程必在二次方程之前等,内容之间表现出很强的逻辑关系,前者是后者的基础,后者是前者的发展,两者顺序不能颠倒。而体育、美术、音乐、技术教育等以各种技能知识为主要内容构成的学科,主要是一种并列的内部关系,如篮球和体操先教哪个都可以,只要对规则、道具和动作进行改造,哪个项目都可以变得很难或很容易,二者可以互换和颠倒,甚至可以取消其一,谁都很难说一项内容是另外一项内容的基础,之间没有很强的依存关系,二者在很多时候还可以达到共同的教学目标。还有一些学科,如语文、历史、地理、外语等,则是处在逻辑性关系和并列性关系之间。体育课程内容从众多的运动素材中选编出来,尽管表面看来是一种并列关系,然而并非一个从易到难、从基础到提高的清晰的内容体系,内容的递进具有非逻辑性的特征,体育课程的起点和重点是模糊的,这也为体育课程的编制增加了难度。

(二)知识的庞杂性

体育课程主要是由众多的身体练习和竞技运动项目所构成,它包含了很多的运动素材,也将体育教学内容的多样性体现出来。在内容方面,体育教学有着非常广泛的范围,可以是具有规范竞赛规则的竞技运动项目,可以是我国民族传统的一些运动项目,也可以是有些小巧好玩的身体游戏,还可以是一些具有很直接的体能锻炼效果的练习方法以及一些表演性、娱乐性很强的活动。体育课程的内容丰富多样,而且各种内容之间的差异十分明显。这种情况既给体育课程内容的选编提供了充足的选择,也为课程内容的选择增加了困难。

同其他学科相比,体育有着很大的不同,这主要体现在它是通过身体活动来进行相应的教学。身体活动具有空间自由性,人际交流的便利性,教学效果的行为判断性,外界干扰的复杂性等诸多独特的特点,同时由于运动的"热血"效果还容易导致情感激发性和外露性的出现,因此体育学科对人的影响是多方面的,既有对人的情意、人的行为规范、人际交流等发展方面的特殊作用,有时又可能会对学生的自尊心等造成伤害。从课程内容传授的知识类型来看,具有操作性、身体实践性和直接参与性的知识是体育课程主要传授给学生的知识,当然这种知识多是通过身体动作和练习来实现的,这些知识对学生今后身体素质的提高和生活状态的改善所发挥的作用是巨大的。

(三)载体和途径的多样性

载体是实现体育课程的一个非常重要的条件,课程的内容由载体所承载,完成课程目标主要依靠发挥载体的功能。前面已经提到,具有非常丰富的内容体系是现代体育课程的特点之一,然而随着时代的变迁,一些先进的教学手段不断被引入体育课程。

就当前来讲,体育课程的载体既包括教科书(学生用书和教师用书),同时也包括相关的视频观看、网络化学习、体育学习卡片等。体育课程的教学已告别单纯的讲解和示范,通过视频观看、网络化学习等载体可以使学生对各种动作、运动项目的学习和理解会变得更加直观、生动、丰富。在体育课程目标的实现中,不同的载体所发挥的功能是不同的,对学生认识、理解、体验和运用体育课程内容起到了帮助作用。所以,如何有效利用这些课程载体,促进体育教学质量的提高,使学生学习的兴趣和学习效果得到提高,已成为体育学科需要不断研究探索的课题。

在体育课程目标实现方面,载体是其中的一个非常重要的条件,此外,体育课程目标还能够通过各种多样的途径来实现,如果只是单纯依靠体育课程教学是很难达成体育课程目标的,也需要有一些其他途径,这是非常必要的,这也是体育课程在众多学校学科教学中与众不同的一个重要特点。这些其他途径主要包括课余体育锻炼、大课间体育活动、各级各类体育竞赛、运动会、体育文化节等,作为体育课程课堂教学的延伸和运用,这些不同的方式、途径对体育课程目标的实现具有很好的促进作用,是学生学以致用,展现体育学习、锻炼成果的有效方式。随着现代高校体育文化内涵得到不断丰富,高校应积极探索和尝试各种不同的体育学习方式和途径,通过丰富的途径来实现体育课程目标。

第二节　体育课程的编制

一、体育课程编制的过程

(一)体育课程规划阶段

体育课程规划是体育课程工作者根据学校教育和体育目标制定体育课程目标、设计体育课程方案、制定体育课程标准和编写体育教材的过程。

首先,在对体育课程进行编制时,要对我国的学校体育目标和各级各类学校的培养目标进行认真的学习和研究,并以此为依据,来对体育课程计划进行制定。体育课程计划主要由体育课程编制的指导思想、培养目标、课程设置及说明、课时安排、课程开设顺序时间分配、评价制度和实施要求几部分构成。

其次,在体育课程规划阶段,体育课程标准的制定是其中的一项非常重要的工作,也是体育课程的总体规划。体育课程标准是体育教师的教学指南,也是编写体育教科书、测量和评价学校体育教学质量的基本标准。

最后,对体育教材进行编写。体育教材是学生掌握体育概念、原理和法则等所必需的事实、现象和素材,是学生发展的媒介。

(二)体育课程实施阶段

体育课程规划阶段包括体育课程标准、体育课程计划、体育教材,这是预期或理想的体育课程。而只有那些经过实施最终实现了的体育课程,才能真正促进学生的发展。在体育课程实施过程中,体育教师和学生是最重要的角色。另外,还必须考虑的因素有:安排课程表,明确体育课程内各教学内容的开设顺序和时间分配,确定并分析教学任务,研究所教学生的学习活动和个性特征,选择并确定与学生学习风格相适应的教学模式,对具体的教学单元和课的类型进行规划,组织并开展相应的教学活动,评价教学活动的过程和结果,为下一轮体育课程实施的改进提供反馈信息。

(三)体育课程评价阶段

体育课程评价就是对体育课程规划和体育课程实施活动以及对整个教学过程进行的评价活动,对已有的体育课程进行反馈,来为体育课程的编制、修正和完善提供事实依据是其目的。

体育课程评价的根本目的在于确立一种行为机制,改革体育课程的结构和教学方法,完善体育课程的内容,在促使学生经常参加体育锻炼,增进学生健康的同时,学习和掌握体育锻炼的方法,养成体育锻炼的习惯和终身锻炼的意识。

体育课程评价的内容包括对学生的体育学习评价、对体育教师的教学评价和对体育课程建设评价。

二、体育课程实施的过程

(一)起始阶段

起始阶段是体育课程实施过程的设计步骤,并使学校接受已计划好的体育课程实施方案。起始阶段的计划中应包括以下内容:谁来参与,希望得到何种程度上的支持,人们为体育课程改革做了哪些准备等。

(二)实施阶段

体育课程实施包括对体育课程改革的介绍说明,以及人们在体育课堂或其他教育场所实施体育课程的变革。它作为"行动"的阶段,要把各种不同模式和方法付诸实践。体育课程编制的目的是要促进变化,是要使学生们达到学校和社会的要求,也许最重要的是要达到体育课程的目标。

在体育课程编制方面,体育课程的实施是其重要的组成部分,它为现实带来了诸多期望的变化。对于变革的过程,体育教师能够给予一定程度上的控制,但这需要体育教师首先对变革有一个深刻的认识。

(三)维持阶段

维持阶段或称制度化阶段,是控制体育课程改革的重要阶段。如果没有计划好体育课程维持阶段的工作,体育课程变革很可能会慢慢衰落直至停滞,其变革也就无法制度化了。在体育教学中,体育教师们可能会忽略体育课程改革或者自行改变了某些内容,以致改革的新课程不再是开始的模样了。

第三节　体育课程的学习与评价

一、体育知识和运动技术的学习过程

对于学习过程的诸多研究理论,美国著名的教育心理学家加涅根据现代信息加工理论提出的学习过程的基本模式最具有代表性。依据和借鉴加涅的有关理论,结合体育学习的特点,认识和了解体育知识、技术学习的过程及其结构,对提高体育学习的效率,改进体育教学设计,探索体育学习和教学的策略,提高体育学习和教学的效果具有重要作用。加涅提出的信息加工理论的学习结构模式(图 6-1),展示了学习过程中的信息流程。

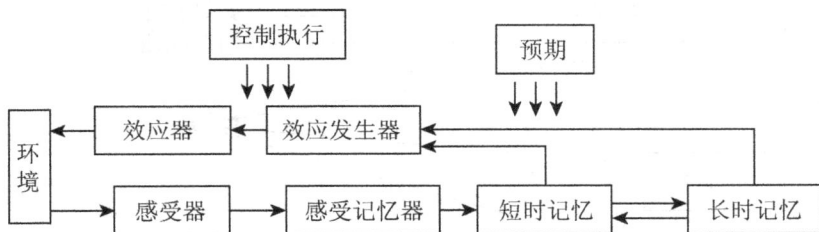

图 6-1

这一模式通过感知、记忆、反应等环节来对信息的流程或转换进行表现,而对于信息加工的过程并没有进行全面的揭示,因此加涅又用直线型示意图表示信息加工模式(图 6-2)。该图说明了学习者内部信息加工过程与学习过程一一对应的关系,这有助于我们进一步了解学习过程及其内在机制。

在体育课堂上,体育教师通过进行示范等直观方式来向学生展示并讲解技术动作,通过视觉和听觉,学生能够将这些刺激转换成神经信息进入感觉登记器,在此期间信息停留的时间非常短暂,对于视觉和听觉等感受器接收的动作信息,有的动作被记录了,有的动作很快消失了。之所以会这样,主要是因为注意和选择性知觉在起作用,我们在运动技术学习中,往往会出现这种现象,如一时只记住了动作的某些特征,而忽略了动作的另外一些特征。

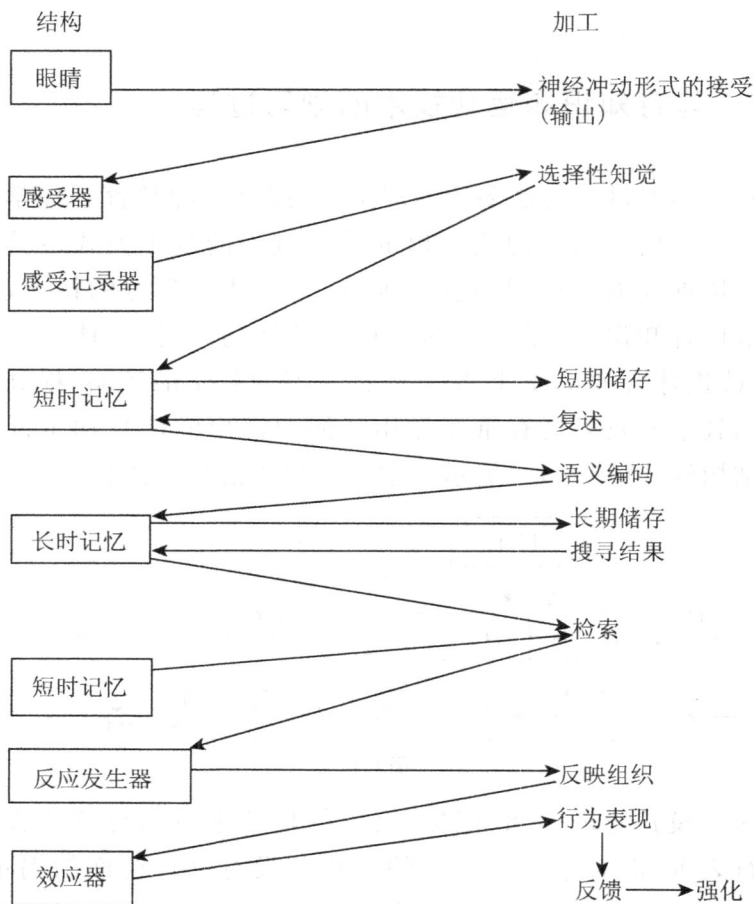

图 6-2

被感受器登记了的技术动作有关信息很快进入短时记忆贮存,信息可在此持续 30 秒左右。此时学生进行复述,即对技术动作的做法要领等,做不出声的心理重复,技术动作的信息即可保持更长时间,并经过信息编码进入长时记忆。

当技术动作的有关信息进入长时记忆时,这些信息发生了根本变化,即信息被编码,编码的目的是为了保持信息,在短时记忆中以知觉方式存在的动作印象这时转换成了动作概念、要领和动作表象等形式,并贮存在长时记亿中。

根据相关要求,当学生做出与之对应的技术动作时,通过对长时记忆贮存进行检索提取,根据技术动作的要领和概念等做出动作。这表明学生对该技术动作有所习得,学习确已发生。

在图 6-1 模式顶部是"执行控制"和"预期"。预期是指学生所期望达到的学习目标的动机;执行控制是指学生运用认知策略,对信息流程每一个阶段的加工方式的选择,如哪些信息经自己从感觉登记器进入短时记忆、哪些内容经复述而保持更长时间,如何编码、如何提取信息等等。加涅认为:执行控制和预期这样两种相互联系的过程在人类学习与记忆的信息加工中起关键作用。

二、体育知识和运动技术学习阶段划分

根据信息加工理论的学习结构模式可以看出,学生每一个具体完整的学习活动,其过程可以分为动机、领会、习得、保持、回忆、概括、作业(动作)和反馈八个阶段。

(一)动机阶段

学生的学习是由动机或期望驱动的,学生有了学习的动机和期望,就会使学习的行动指向学习的目标,它为体育知识技术的学习指明了方向。

(二)领会阶段

学生对所学体育知识和技术动作的注意和选择性知觉。具有学习动机的学生只准备接受与学习目标有关的刺激,注意对感觉纪录器的内容指向某些特点而忽视其他特点,从而导致选择性知觉的产生。如在学习体育动作技术时,强调先学习动作的主要部分,而忽视次要部分或细节,这即是选择性知觉。

（三）习得阶段

当信息离开短时记忆而进入长时记忆时，信息是发生了关键性的转换，这个过程称为编码。此时在短时记忆中以知觉方式存在信息转换成概念或有意义的形式，并转入长时记忆。如技术动作由短时记忆中的视觉印象转换成了动作的概念、要领、口诀、顺口溜和动作表象等，就是一种对信息的编码。

（四）保持阶段

学生将习得并经过编码的信息贮存在长时记忆中。由于新旧记忆之间的干扰等原因会阻碍信息的提取而导致遗忘，这种现象在体育学习过程中经常发生。

（五）回忆阶段

学生习得内容的恢复往往通过作业或练习来表现，需要从长时记忆中将这些内容提取出来，这是一个搜寻或检索过程。这个过程往往需要通过外部情境提供某些线索。例如，欲使学生习得的"肌肉收缩的形式"方面的知识得以恢复，教师可以用各种相关肌肉运动作为引起恢复的线索，以使学生反映出习得的信息。

（六）概括阶段

学生提取习得信息的过程，并不始终是在最初学习信息时相同的情境中进行的，重要的是将习得的知识技能运用到多种类似的情境中，因此在学习过程中必须有一个概括阶段，这涉及学习的迁移。例如，在课堂上通过模型、挂图、标本等学到的肌肉等张、等长、等动等收缩形式的知识，用来分析跑步、举重、投篮、射击等不同项目或运动的肌肉收缩特点，即是一种学习的迁移。

（七）作业阶段

通过作业（在体育学习中更多称为完成动作练习）可以反映

学生是否已经习得了所学习的内容。对学生来讲,作业(动作练习)的功能不仅是为了获得反馈,而且还可以通过作业(完成动作)看到自己的学习结果。

(八)反馈阶段

当学生得到他的学习行为使一定的预期得以实现这个信息后,学习的行为就完成了。反馈是学习者对其行为效果的观察所提供的。如果学习的目的是获得某种运动技能,则反馈来自成功地做出这种运动技能。尽管反馈常常要求外部(主要是教师)的检验,但其主要影响显然是内部的,它们起着巩固学习的作用。外部的检验,主要是以信息反馈的形式提供人为的强化。强化之所以起作用,是因为在动机阶段建立起来的预期在反馈阶段得到了进一步的肯定。

对学生学习过程阶段的划分,有助于加强我们对学习各阶段内部过程的了解,这对有针对性地选择和运用学习策略和教学策略,提高学习效果有积极意义。

三、体育课程学习策略

(一)体育学习策略的含义

就狭义层面来说,体育学习策略应归属于学科学习策略,同一般的学习策略有着共同之处,同时也存在差异。共同点表现为在本质、结构、作用等方面,体育学习策略同一般学习策略是保持一致的。它们之间的区别主要在于所发生的学习情境不同,具体的学习策略的内容和技能及其选择运用的方式等不同,体育学习策略指向了具体的学科学习过程,反映了体育学科学习的特性。

体育学习策略是指在进行体育学习的过程中,学生为了能够实现特定的学习目标,提高学习效果,而主动采取的对学习活动进行自我控制和自我调节的一系列的方法、程序和技能。

（二）体育学习策略的特点

1. 操作性

体育学习策略是针对体育学习目标的具体要求而制定的,并具有与之相对应的实施程序和方法,它要转化为学生的具体行动。

2. 指向性

体育学习策略的产生和应用,就是为了解决在体育学习过程中各种各样的问题,掌握特定的学习内容,达到预定的学习目标,获得理想的学习效果。

3. 灵活性

在体育学习过程中,不存在一个大而全,能解决学习中所有问题的学习策略。同一策略可以解决不同的学习问题,不同的策略可以解决相同的学习问题。体育学习中要解决的问题,由于学习目标、内容、对象和情境等方面的不同,表现出千差万别,解决这些问题的学习策略也应表现出较大的灵活性。

4. 调控性

由于体育学习活动元认知过程的参与,体育学习策略具有调控的特性。在体育学习活动中,它表现为学生能够根据学习的要求,选择适当的解决问题的方法,监控学习活动的过程,不断取得反馈信息,及时调控自己的学习过程,维持或修正解决问题的方法和手段。

5. 综合整体性

体育学习策略包括元认知策略、认知策略、运动技能形成策略和体育学习资源管理策略等。这些策略在学生的体育学习过程中是相互联系、相互影响、相互作用的,它们构成了学生的体育学习策略体系,这些学习策略的综合运用对提高体育学习的效果具有重要意义。

(三)体育学习策略的构成

1. 体育学习的元认知策略

元认知可以简单定义为对认知的认知,即个体对自己的认知过程和结果以及与之有关的事项(任务、目标、方法等)的认知,其实质是个体对自己认知活动的自我意识、自我体验和自我控制。在体育学习策略结构中,元认知是其核心。在体育学习过程中,学生对学什么、为何学、如何学、如何练、学习和练习受何因素影响及各因素关系等所具有的自我意识、自我体验和自我控制,这一切都是在元认知的作用下产生的。由此可见,所谓体育学习的元认知策略是指监控和调节体育学习过程的策略。

常见的体育学习的元认知策略主要包括以下几种。

(1)制定计划策略

在体育学习过程中,学生进入学习状态后,通过对学习内容、学习目标、学习环境、自己的个性和学习特点以及自己在体育学习上的强势和弱势进行分析思考,提出有关学什么、练什么、怎样学、怎样练、何时学、何时练、在何处学、何处练等问题,制定相应的学习计划列出可能需要的学习和练习方法。

(2)心理激活策略

学生在面临具体的体育学习任务时,总要碰到"为什么学""想不想学"的问题,这个问题解决不好,将严重影响学习的过程和效果。因此,学生从事体育学习,首先要激活学习的心理觉醒状态,这种心理觉醒状态主要是指学生的注意、情绪和动机等。学生必须对面临学习的任务的现实和远景价值有明确的认知,才能在体育学习中激活和维持良好的注意、情绪和动机水平,才会更有效地选择和运用学习方法。体育学习中心理激活策略所涉及的主要方法和技能有自定目标、自我激励、自我奖赏等。

（3）调节策略

根据从监视策略所获得的有关信息,对学习计划和方法进行调节,维持或修正体育学习行为,使学习的计划和方法更能适合学习的要求,有利于预期目标的实现。体育学习过程中常用的调节策略的方法和技能有调整学习步骤、变换练习的条件、采用新的学习或练习方法等。

（4）监视策略

在体育学习过程中,学生总是不断把自己所采用的学习和练习步骤、学习和练习的方法手段与习得的结果联系起来进行对照,检查学习计划、学习和练习的方法是否能够达到预期的学习效果,以决定是否对学习计划和学习、练习的方法等进行调整。常用的监视策略的方法和技能有自我测查、教师评价、同伴评价等。

2. 体育学习的认知策略

从信息加工理论的角度来看,体育学习的认知策略是指对体育运动知识、技术进行有效的识别、理解、保持和提取（运用）的策略,其主要包括复述策略、注意选择性策略、精细加工策略、练习策略。

（1）复述策略

为了把新学习的体育知识、动作技术保持住,并进入长时记忆,复述策略的采用是必需的,即对所学知识或动作技术的信息,如要领等反复默诵。在体育学习过程中,学生复述策略的形式、技巧等,特别需要教师的帮助,如将动作要领简化为口诀、顺口溜等,这也有利于对所学习的信息进行编码贮存。

（2）注意选择性策略

在体育学习过程中,常常可以看到这样的现象:学生对教师所讲的内容或所做的动作示范,有的信息很快被记住了,有的则很快消逝了,这种现象的发生主要是注意和选择性知觉在起作用。因此在学习中,学生的注意总是指向与学习目标有关的刺激,并对信息知觉具有选择性。注意和选择性知觉策略,就是要设法使学生在体育学习中集中注意力,了解动作技术的关键和主要部分,使这些特征能够有选择地被知觉到。

(3)精细加工策略

即通过把新学的体育知识、动作技术与已有的知识和技术动作联系起来,以此增加新信息的意义。在体育学习中,常用的精细加工策略的方法、技巧有:动作技术的串联,动作技术的学习由分解到完整学习、由单个到组合的学习等。

(4)练习策略

复述策略是语义上保存体育知识和动作技术信息的策略。练习策略则是从行为上保存动作技术的策略。体育学习的最大特点是以运动技术学习为中心,而动作技术这一特殊知识形态是要以身体运动来学习的。动作技术是否习得,要通过动作行为表现出来。练习策略的主要方法就是反复练习,此外还有初学时简化动作练习,突出主要部分练习等。

3. 体育学习的运动技能形成策略

(1)认知与定向阶段的练习策略

在运动技能形成的这一阶段中,学生的主要任务是领会动作技能的基本要求,形成起定向作用的动作映象,并了解具体的动作方法和活动方式。根据这一阶段动作技能形成的特点和主要任务,学生在这一阶段所采取的学习或练习策略的主要方法有模仿练习、分解练习、突出重点的练习、降低难度的练习等。

(2)联系形成阶段的练习策略

在这个阶段中,学生学习的主要任务是进一步改进和完善动作技术,加强单个技术动作的整合和串联,加深对所学动作技术规律性的理解,提高动作技能的准确性、协调性、稳定性。该阶段学生所采用的练习策略的主要方法有完整练习法、组合练习法、变换练习方法、负荷量大的重复练习等。

（3）自动化熟练阶段的练习策略

本阶段学生学习的主要任务是巩固与发展已掌握的动作技能，将运动技能的动作系列联合成一个有机的整体，并使运动技能对各种变化的条件具有高度的适应性，完成动作技能准确、流畅、稳定、协调、熟练，达到自动化程度。该阶段所采用的练习策略的方法主要有变化练习法等。

4．体育学习的资源管理策略

（1）体育学习的环境管理策略：主要是寻找合适的学习或练习的场所。

（2）体育学习的时间管理策略：主要是制定体育学习的时间表，调整作息制度，为体育学习或练习在时间上进行谋划和安排。

（3）寻求他人支持策略：主要指学生根据自己的学习情况，为提高学习效果或改进学习或练习方法等，寻求体育教师、同学、小组的帮助的策略。

（4）体育学习的努力管理策略：学生在体育学习或练习过程中，要克服各种主、客观困难，适应由于练习而产生的身心方面的不适，这些需要学生付出一定的意志努力，这方面的策略主要体现在坚持不懈、自我强化、自我调整等方面。

四、体育课程学习评价的内容

体育课程学习评价十分重视对学生体育学习情况的综合评价，强调在评价学生的体能和运动技能的同时，要重视评价学生的学习态度、情意表现与合作精神、健康行为等方面的发展，以真正体现"面向全体学生"的教育理念，真正体现评价的公平性和教育功能。

（一）体能的评价

对于体育课程来说，发展体能是其重要的目标，根据"健康第一"指导思想,以及考虑我国当前青少年儿童的健康状况,《课程标准》将体能作为中学生学习成绩的评定内容之一。

由于不同性别、年龄以及不同地区、学校学生的体能和运动技能水平存在着差异,即便是同一地区、同一学校、同一年龄和性别的学生在不同时期的体能和运动技能水平也会有所不同。如果简单地用统一的、一成不变的评价标准来要求所有的学生,是不公平的,也是不合理的。体能评价应根据不同水平的学生体能发展目标与内容框架,考虑到学生在体能、兴趣、爱好、特长等方面的差异,学生可以自主选择体能测定的项目进行评定。在对学生的体能成绩进行评定时,应结合各年级学生的年龄特点,参照《中国学生体质健康测试标准》,结合学生的个体基础与进步幅度进行成绩评定。在对学生的体能进行评价时,体育教师应根据本校学生的实际情况,确立符合实际的、科学合理的考核标准,以激励学生努力学习,提高体育教学质量。

(二)知识与技能的评价

体育与健康知识与技能学习成绩的评定内容主要包括:对体育与健康的认识,体育与健康知识和方法的掌握与运用,以及专项运动技能的掌握与运用情况。

学生体育课的运动技能评价应根据各个学校所选择的具体内容加以确定。高中体育与健康课程实行的是选项教学,学生可以根据自己的条件和运动爱好在学校确定的范围内选择运动项目作为学习内容。在评价专项运动技能的掌握与运用情况时,应根据各校和学生选择的具体运动项目进行,可以采用规定动作的展示、在教学比赛中学生所学专项运动技能的运用、学生自己选择擅长技能的展示等方式对学生进行综合评价。

(三)学习态度的评价

《基础教育课程改革纲要(试行)》明确指出:评价不仅要关心学生的学业成绩,而且要发现和发展学生各方面的潜能,了解学生发展中的需求,帮助学生认识自我,建立自信心。《课程标准》对学生体育学习的综合评价非常重视,它在对体能和运动技能评价进行强调的同时,对学生的学习态度也是非常重视。

体育课程的重要目标就是要树立学生对体育与健康的正确认识,使学生形成正确积极的体育与健康态度,形成运动爱好和专长,培养学生锻炼身体的习惯,为实现终身体育奠定基础。因此,学生对待体育课程学习的态度应是体育学习成绩评定的重要内容。对于学生学习态度的评价主要包括学生在体育课上的出勤与表现、学生在课外运用所学知识和技能参与体育活动和健康教育活动的行为表现等。

(四)情意表现与合作精神的评价

在体育课程中,促使学生的情意表现和合作精神得以提高也是其重要的目标之一。

在体育与健康课中,学生的情意表现主要表现为:能否战胜胆怯、自卑,充满自信地进行体育与健康活动;能否敢于和善于克服各种主、客观困难与障碍,挑战自我、战胜自我,坚持不懈地进行体育与健康活动;能否善于运用体育活动等手段较好地调控自己的情绪等。

学生的合作精神则主要表现为:能否理解和尊重他人,并在体育课程的学习过程中表现出良好的人际交往能力与合作精神,努力承担在小组学习与练习中的责任,如为小组的取胜全力以赴;能否遵守规则、尊重裁判;能否在学校和社会的体育与健康活动中履行自己的权利和义务,表现出负责任的社会行为等。

(五)健康行为的评价

为了促使学生能够对健康知识进行系统的学习和掌握,促使其健康意识得以提高,形成健康的行为和良好的生活方式,在体育与健康课程标准中,除了设置六个运动技能系列以外,还有一个健康教育专题系列。

对学生的健康行为进行评价也是体育与健康学习评价的重要内容之一。学生的健康行为评价内容主要有：是否有不良生活习惯（如是否吸烟和酗酒等），是否学会制定并遵守合理的作息制度，是否注意个人的卫生，是否为维护公共卫生而努力等。

第四节 体育课程内容资源的挖掘与开发

一、学校体育课程教学内容资源挖掘与开发的目标

就目前来说，需要将教学方法和教学内容的变革同人的变革结合起来，来对体育课程资源进行挖掘与开发。促进人的发展是体育教育的根本目的和功能，所以在挖掘和开发体育课程内容资源方面，学生便成为其改革的主要出发点和归宿。通过对体育课程内容资源进行挖掘和开发，有效培养学生的运动能力和运动兴趣，促使学生的身体、心理健康水平和社会适应能力得到更为有效的发展。

在对学校体育课程教学内容进行挖掘和开发时，需要明确以下几个目标。

（一）满足学生体育需要，提高学生身心健康

在体育教学过程中，其首要目标就是要促使学生的体育需要得到满足，并提高学生身心健康，这也是挖掘和开发体育课程内容资源的首要目标。在挖掘和开发体育课程内容资源时，其前提是使不同学生的体育需求得到满足，这样才能使学生欣然接受。另外，学生在体育方面需要学习的东西很多，远非体育课程所能包揽，因而必须在可能的学校体育课程内容资源范围内，在考虑开发成本的前提下突出重点，精心选择那些对学生终身发展具有决定意义的学校体育课程内容资源，使之优先得到挖掘与开发。

通过挖掘和开发体育课程内容资源,要使学生由被动地学走向主动参与、主动探索,从而真正学会学习。为学生提供丰富的、多姿多彩的体育课程内容资源,重在不断培养学生独立学习的意识、习惯和能力。通过对体育课程内容资源挖掘与开发过程中的诸多有利因素进行充分利用,体育教师要促使学生在探索问题、分析问题、解决问题以及合作学习等方面的能力得到不断提高,使他们能够对各种体育课程内容资源进行创造性的利用,从而为自身的体育学习和体育实践以及其他相关探索性活动提供更多的服务。

（二）提高体育教师开发的认知能力

在对体育课程内容资源进行挖掘和开发时,促使体育教师对新体育课程内容资源的认知能力得以不断提高也是一个非常重要的目标。体育教师对体育课程内容资源开发的认识和理解,将会对他们开发体育课程内容资源的主动性和积极性产生直接的影响,也会对开发的质量和效果产生较大的影响。

由此可见,必须要通过挖掘和开发体育课程内容资源,来不断深化体育教师对体育课程内容资源的认识,逐步提高体育教师对体育课程内容资源的认知能力。

（三）充实体育课程教学内容体系

在过去传统的体育课程教学内容体系中,大多是在体育教学大纲和体育教材所规定的范围内建立的,像一些新兴运动项目、学生的经验等一般是不会成为学校体育课程教学内容的。而在新的学校体育课程教学内容的开发中,就是要改革这种局面。对体育课程教学体系进行充实,也成为学校体育课程教学内容资源开发的一项基本任务。

实际上学校体育课程内容资源的丰富性和多样性,为我们的开发提供了前提条件。要努力通过体育学科专家、中小学体育教师、学生等多个主体以及国家、地方和学校多个层面全方位、多角度地进行学校体育课程内容资源的开发,使各种新颖有趣、适应性强的体育课程内容资源不断转化为新的体育课程教学内容,使体育课程内容的范围在原有的基础上不断拓展、不断丰富,逐步形成具有中国特色的体育课程教学内容体系,使拓宽后的学校体育课程教学内容能够为学生选择学习、发展个性提供更加广阔的空间,为实施素质教育、提高体育课程教学的质量和效果打下基础。

（四）形成学校体育教学特色,增强新内容的适应性

在挖掘和开发体育课程内容资源时,努力形成学校体育教学特色,促使新体育课程教学内容在学校教育中的适应性也是其中的一个非常重要的目标。不同学校,其学校性质、办学条件和教育理念、学生的发展基础等实际情况都会存在一定差异,在其拥有的体育课程内容资源的数量、性质和具体结构等方面也会有所不同。因此,我们在挖掘和开发时,不能只追求体育课程内容资源的统一性,还要努力保持不同地域间学校的体育课程内容资源的丰富多样性,把各个学校所拥有的不同体育课程内容资源,变成特色资源来进行挖掘和开发。还要形成一定的特色,才能使体育课程内容资源的挖掘和开发具有旺盛的生命力。

二、学校体育课程教学内容资源开发与发展中需遵循的原则

学校体育课程教学内容资源的挖掘与开发应遵循一定的原则,主要包括以下内容。

（一）时代性原则

在进行体育课程内容资源挖掘与开发时,时代性原则是必须遵循的一个基本原则。这一原则包含以下两个方面的含义。

（1）学校体育课程教学内容资源的开发要反映出现代社会发

展的需求。

（2）学校体育课程教学内容资源的开发要体现出鲜明的时代特征。

随着社会的不断发展和现代科学技术的日新月异，人们的生产方式和生活方式发生了巨大的变化。在对发展成果加以享受的同时，人们也在承受着一定的危害，特别是在身体健康方面，面临着非常严重的威胁。因此，我们在对学校体育课程内容资源进行挖掘和开发时，也必须要满足这一需求，尽可能开发出锻炼价值高、实用性强的体育课程教学内容。随着现代社会的快速发展，不断涌现出一些新的娱乐、健身、休闲手段，体育课程内容资源的挖掘和开发应对这些因素进行考虑，将时代特征予以鲜明地体现出来。

（二）针对性原则

针对性原则是指要针对体育教学目标，从学生、体育教师、学校的特点和实际出发来对体育课程内容资源进行挖掘和开发。根据体育教学的目标来对体育课程内容资源进行挖掘和开发，要根据各个不同特点的体育教学目标，来开发不同的体育课程内容资源；同时还要根据体育教学目标来对各种资源进行分析和比较，从而开发出具有较强适应性的体育课程教学内容。针对学生的特点进行体育课程内容资源挖掘和开发，即在体育教学开发与建设上要"以学生为主体"的思想，针对学生的生理和心理发展水平，针对学生的体育兴趣与爱好，针对学生已有的体育学习基础和能力。针对体育教师特点进行学校体育课程教学内容资源开发，就是针对每个体育教师的教育思想、理念、知识、经验、专业水平、特长等来开发学校体育课程内容资源。针对学校的特点进行学校体育课程内容资源挖掘和开发，是要考虑实际情况，如学校的性质和任务，所在的地理位置、历史传统、培养目标、办学宗旨、师生结构、校风校纪、校容校貌，学校的自然环境特点，学校的场地、器材、设备的特点，学校的体育传统与风气，班风与校风的特点等。

（三）开放性原则

开放性原则是指学校体育课程内容资源的挖掘和开发，要打破时间、空间、学科、领域、途径的界限，尽可能挖掘和开发有益于体育课程实施活动的所有体育课程内容资源。而体育教学本身作为一种开放的、不断变化的系统，其内容资源的挖掘和开发同样要注意遵循开放性原则，其中主要包括系统的开放性、学科的开放性、空间的开放性、时间的开放性以及途径的开放性。

系统的开放性是指在进行学校体育课程内容资源挖掘和开发时，不能只局限于学校体育系统，要尽可能利用社会体育系统和竞技体育系统的内容资源，还要超越体育系统的界限。

学科的开放性是指学校体育课程内容资源的开发在学校内部要打破体育学科与其他学科之间的界限，尽可能利用其他学科的内容资源，使体育课程教学内容更加综合和全面。

空间的开放性是指学校体育课程内容资源不论是校内的还是校外的，中国的还是外国的，农村的还是城市的，汉族聚居地的还是少数民族地区的，都可以进行开发。

时间的开放性指的是学校体育课程内容资源的挖掘和开发应该跨越时间的界限。

途径的开放性是指学校体育课程内容资源挖掘和开发不应该局限于某一种途径或方法，应尽可能探索多种途径或方法，并能协调使用。

（四）合作互补原则

合作互补原则是指在学校体育课程内容资源的挖掘和开发过程中，要充分发挥体育教学专家、体育教师、学生等人员的作用，充分利用他们的知识、经验、特长以及各自的优势，取长补短，优势互补，共同提高体育课程内容资源开发的质量与效果。

合作互补原则是学校体育课程内容资源开发的重要原则。

体育教师要对一切可用的外来资源进行有效利用,以此来提高体育课程内容资源开发的效果。

(五)开发与利用相结合原则

学校体育课程内容资源的挖掘和开发还要遵循开发与利用相结合原则。开发与利用相结合原则是在学校体育课程内容资源挖掘和开发过程中,要注意使开发与实际利用结合起来,不能单纯地为了开发而开发,要使开发的体育课程内容资源通过教学实施的各个环节进入体育课堂而发挥其作用与功能。在体育课程内容资源的挖掘和开发中,一定要注意尽量避免只重开发不重利用的倾向,既要注意开发的数量,也要注意开发的质量;既要树立积极开发各种体育课程内容资源的意识,又要善于分析、识别、发现现有的体育课程内容资源,把闲置的体育课程内容资源及时进行加工、改造和转化,使之进入体育课程而加以充分利用。

三、学校体育课程教学内容的未来发展

随着时代的发展,学校体育课程教学内容也会呈现出不同的时代特点。在我国体育教学改革的逐渐推进下,学校体育课程教学的内容将会呈现出一定的发展趋势,具体内容如下。

(一)更加注重学生的全面发展

在传统体育教学中,体育教学的内容只注重学生身体素质的发展,带有一定的片面性。在学校体育课程内容的未来发展过程中,其由只重视身体素质发展逐渐转变为重视学生身体素质、心理素质和社会适应能力的全面发展。在教育思想、方针政策、体育目标、体育功能的影响和制约下,选择学校体育课程内容的范围也受到了很大的限制,这使得体育课曾一度成为以提高学生身体素质为主要目的的达标课。在素质教育在我国开始实行和推广之下,学校体育课程内容的选择需要与素质教育的具体要

求相符合，以使学生的心理素质、身体素质以及社会适应能力都得到全面的发展，从而将学生培养成为全面发展的社会需要的人才。

（二）注重学生终身体育意识的形成

终身体育的教学思想是现代体育教学的重要指导思想，而在这种教学思想的影响下，体育课程教学内容将更加注重学生终身体育的教育目标。终身体育已成为当今世界体育发展的一大趋势，要想实现这一终身体育目标就需要使学生学习和掌握参与终身体育所需的知识、态度和技能。因此，在未来的体育教学发展中，运动文化的娱乐性与传递性、教材的健身性之间的关系将被协调整合起来，一些具有健身价值、终身运动性质的体育运动项目将被作为体育教学的内容。

（三）由教师价值主体逐步转向学生价值主体

社会及学校教育的发展水平、教师与学生的价值观念都会对体育课程教学内容的选择与确定产生一定的制约。在传统的体育教学大纲中，选择与确定的体育教学课程内容主要是将体育教师对体育课程教学内容的价值取向体现出来，围绕着教师的"教"来进行体育课程教学内容的选择。随着现代体育教学改革的不断深入，体育课程教学内容的选择与确定主要是从学生的实际需要出发，要将学生的价值取向体现出来，即教学内容的选择应服务于学生的"学"。

（四）由规定性向选择性以及不同学段逐级分化

以往的体育教学大纲在对体育课程教学内容进行确定时，总是试图在具有极强综合性的体育学科中来寻找运动项目之间的逻辑关系，并将所选择出的体育课程教学内容按照一定的逻辑关系使之体系化，但体育课程教学内容因缺乏相应的逻辑性而给教材的制定造成了一定的困难。将来的体育教学大纲在对体育课程教学内容进行选择时,非常重视遵循体育学科自身的内在规律,同时重视将具有娱乐性、健身性、时代性的体育素材,以及学生喜闻乐见的体育素材纳入体育课程之中,并且不同学段的教学内容和要求也有一定的区别,"选择制教学"将获得进一步的发展。

(五)体育课程教学内容对新体育项目的吸收

体育课程教学内容也开始逐步吸收一些民族传统体育项目和一些新型的娱乐体育项目。随着现代社会的快速发展以及大众体育的蓬勃发展,不断涌现出了一些新兴的体育运动项目和娱乐性体育运动项目。青少年更加喜欢追逐潮流、追求时尚,所以也喜欢那些新兴的、娱乐性强的体育运动项目。因此,体育课程教学内容应革新以往传统体育教材的统治局面,应注重对一些新兴时尚的特色运动项目的吸收,将其作为体育的教学内容。此外,未来体育课程教学内容的开发可以重点考虑我国各民族传统体育项目,这些具有民族特色和健身价值的体育项目是体育课程教学内容的良好素材。

第七章 高校体育教育管理体系及其发展分析

随着现代社会的发展,管理渗透于各个领域之中。而高校体育是一项系统的工程,正常开展体育教育工作离不开科学管理。本章就来研究高校体育管理并分析其发展瓶颈以及给出相应的解决对策。

第一节 高校体育教学资源的管理

一、高校体育教学人力资源管理

（一）体育教学人力资源管理概述

1. 体育教学人力资源管理的概念

体育教学人力资源是指全校的体育教学系统内所有受到体育教育培养或接受过体育运动训练和培养的、能够提高教学发展的体育专业人员的总称。

2. 体育教学人力资源管理的目标

体育教学人力资源管理的发展目标是实现校内体育资源使用价值的最大化,实现体育组织或体育团队的目标。其主要包括体育人力资源个人理想、追求的实现,这些目标有物质的,也有精神的;有集体的,也有个人的。总而言之,体育人力资源管理的最终目标是为了促进体育人力资源组织的全面发展。

（二）体育教学人力资源的配置

1. 体育教学人力资源配置的概念

体育教学人力资源的配置是指高校体育人力资源在部门及各种使用方向上的分配，并根据一定的经济或产出目标，实现物品、财产、人员、时间、信息等要素充分结合与发挥，从而获得更快的效率和最大产出的动态进程。体育教学人力资源的配置分为三个层次，即微观层次的体育教学人力资源配置、宏观层次的体育教学人力资源配置、个体的体育教学人力资源配置。

2. 体育教学人力资源配置的内容

（1）地区配置

在体育教学人力资源配置中，地区配置是一种宏观配置。体育教学人力资源的地区配置是在一个地区体育教学人口和体育教学人力资源现状基础上，结合本地的资源状况和高校的体育发展规划，通过地区间体育教学人力资源的迁移以及地区间的人力资源配置政策调节来实现的。体育教学人力资源的地区配置要符合当地高校的自身发展特点，要使各地区所具有的资源优势得到充分的发挥，以在保留各地区特色的基础上实现各地区的均衡化发展。

（2）领域配置

体育教学发展的领域有很多方面，主要有学校体育领域、竞技体育领域、大众体育领域和体育产业领域。体育教学人力资源配置必须以重点领域作为主要发展目标。体育教学人力资源的领域配置首先要符合国情，其次要符合我国体育教学的发展趋势，准确把握体育教学人力资源的投向，保证重点发展领域的供给，也要兼顾到一般领域。对各领域间的体育教学人力资源规程、比例、机构等进行合理的规划，从而使体育教学人力资源的领域配置达到最佳的效益。

（3）职业配置

职业配置在体育教学人力资源中至关重要，它是对体育教学人力资源规定性的直观反映。从体育教学人力资源质的规定性来看，主要的区分是水平等级和职业种类两个方面。在进行体育教学人力资源的职业配置时，首先要从水平等级和职业种类进行划分，然后根据各个职业岗位的具体需求来分别将相应水平等级和职业种类的人力资源投入其中，从达到组合最优化。另外还要对可能条件下的职业替代进行考虑，避免出现供不应求的情况。对职业需求进行科学的预测是实现体育教学人力资源合理配置的根本方法。根据预测的结果来合理安排各级各类的教育教学规划，对各类体育人力资源进行适时和适量的培养，满足各种职业岗位的需求。

（4）运动项目配置

运动项目配置是当前各级学校实现体育人力资源（主要指教师）的最主要形式。众所周知，体育教学是由众多的体育运动项目组成，所以体育教学人力资源的配置应包括运动项目的人力资源配置。在进行运动项目人力资源配置时，注意队伍建设的合理性，如职称结构、年龄结构、人员结构等。在不同项目中都要避免出现人才过分集中的现象和人力资源匮乏现象的出现。

（三）体育教学人力资源的规划

1. 体育教学人力资源规划的概念

所谓体育教学人力资源规划，指为了促进体育教学的发展，对体育教学人力资源在条件变化的情况下对于供给和需求的情况进行分析和预测，制定出相应的合理有效的措施，保证在固定的时间和岗位上获得所需要的人力资源，并对这些人力资源进行有效管理的过程。

全面认识体育教学人力资源规划的概念，可以从以下几个方面入手。

（1）规划目的。规划目的要确保体育教学在一定的时间和岗位上获得所需要的人才（既要有数量要求也要有质量要求）。

（2）规划要求。规划要求要与体育教学的发展战略相互配合，满足体育教学发展对人力资源数量和质量的要求。

（3）规划基础。规划基础要对外部环境（包括政治、经济、文化、法律、技术）的变化对劳动力市场的影响进行全面的分析和预测。

（4）规划内容。规划内容是对体育教学内部人力资源的需求以及体育教学外部人力资源的供给进行分析和预测，以此来制定出相应的人力资源措施和相关政策，如招聘新员工、员工升职、员工培训、人事调动、员工的离职处理等，从而为满足高校体育教学发展的各个阶段对人力资源的需求提供重要保证。

（5）规划宗旨。规划宗旨可以实现体育教学和员工的双赢。也就是通过体育教学获得所需要的人才，同时员工也得到了施展才华的空间，二者共同成长。

2. 体育教学人力资源规划的流程

（1）全面仔细的查清楚本校现有体育教学人力资源。

（2）分析学校的环境和现状，包括外部环境的变化及发展趋势的分析、体育教学内部体育人力资源现状评估。

（3）对体育教学人力资源供需进行判断，包括高校体育人力资源的需求和体育市场的人力资源供给两方面。

（4）评估高校体育人力资源供求状态，确定供求的状态是否平衡，不平衡状态分为体育人力资源短缺状态和剩余状态。

（5）合理而科学的制定出体育教学人力资源计划和具体的行动方案。

（6）体育教学人力资源计划和具体的行动方案制定后，立刻实施。

（7）评估体育教学人力资源计划和行动方案实施效果。

高校体育人力资源计划和行动方案的执行情况以及对其效

果的评估为体育教学发展战略和目标调整与制定提供了重要的决策依据。

（四）体育教学人力资源的培育

所谓体育教学人力资源培育，指的是在一定条件下，运用一定的方式来促进体育教学人力资源生成的全过程。体育教学的发展依靠的是人力资源团队的团结协作，包括体育教师和学生的共同努力。

1. 体育教学人力资源培育的特征

（1）周期长

体育教学人力资源的培育需要很长的一段时间。首先要经过科学的选材工作，将符合条件的人才选拔出来，并经过长时间的培育才有理想的收获。无论是教师还是学生，在他们成为合格的体育教学人力资源之前，都要经历漫长的培育。

对于教师来说，一名合格的体育教师要经过很长时间的培育过程，通过大大小小的考核和考试，才能获得教学资格。就学生而言，从一名大学生培养成优秀的运动员，需要经过十多年的努力，并在这段时间内要不断地进行培育。

（2）成本高

成本高是体育教学人力资源的重要特征之一，是体育教学人力资源培育过程中重要影响因素之一。体育教学人力资源人才的培养需要高成本的投入，这其中不仅包括了为生活、训练的物质成本，还需要承担一定的风险成本。此外，高校体育人力资源成才有着较高的机会成本，体育教师和学生需要接受较长的学习和训练，从而失去了通过其他途径成才的机会。

（3）风险大

以高校大学生运动员的培养为例，由于体育活动所具有的独特性，高校体育人力资源成才需要经受很大程度的风险，伤病的概率很高。由于运动员需要日复一日、年复一年的从事高强度训练,单调、艰辛、枯燥是主旋律,这些消极的特点都会给学生的生理和心理带来损害。

(4)成才率低

体育发展受多方面因素影响,体育运动人才的培养对人的运动技能和心理素质都有着严格的要求,很多有发展前景的体育后备人才因为种种原因没能继续体育梦想,所以说体育运动员的淘汰率也非常高。

2. 体育教学人力资源培育的类型

(1)就业前培育

就业前培育主要分为学校教育和学校以外的教育。

①学校教育。学校教育相对较为正规,重视文化理论的培养,教学效果也相对有保障,同时各种人力物力资源相对来说都比较集中,在教育经费的节省和经济效益方面都很稳定。我国一些专门的体育院校以及其他综合类大学的体育专业的教育均属于学校教育。

②校外教育。校外的一些机构和组织,根据人力资源市场的需求进行针对性教育,往往直接参与到就业,具有很强的针对性,重视劳动岗位的实际技能,形式多样而时间短促,能够较快地使接受教育者获得职业技能,及时满足体育教学人力资源的需求。一些职业,如体育经纪人、游泳救生员、社会指导员等短期培训均属于校外教育。

(2)就业后培育

就业后的人才培育,也可以说是继续教育。现代体育社会中,继续教育已成为经济活动不可缺少的条件,就业后培育除了能够满足各种微观经济单位对提高人力资源质量的要求外,还在社会体育人员大量流动的情况下,更好地解决职业适应性的问题。一般来说,就业后教育通常是由微观经济单位——组织及其部门举办的,从组织的角度来看,职业教育主要包括新成员的入职教育、在职人员的养护教育和在职人员的提高教育。

3. 体育教学人力资源培育的内容

（1）技战术培育

就高校体育发展来看,技战术能力水平会成为体育教学人力资源将来就业的主要竞争力。在运动队中进行技战术的练习,使自身的技战术得到相应的锻炼,进而达到体育教学的要求。需要注意的是,在高校体育人力资源培育阶段,如果技战术基础不牢固,会对体育教学人力资源的发展造成致命的打击。

（2）体能培育

对于一些高强度的运动项目来说,体能水平是运动基础,特别是三大球项目的运动员,发展出好的体能水平是技战术达到高水平的基础。

（3）价值观培育

体育教学人力资源价值观的培育过程中,相关体育教学的历史、优秀体育教师和学生、各项赛事记录、各项数据统计的记录,这都是重要的载体。体育教学价值观的培养对体育教学人力资源的培养能够发挥积极作用。

（4）文化水平培育

文化水平是体育教学人力资源的重要培养要素之一,因此是体育教学人力资源培育的一项重要任务。高校体育人力资源细微的举动都将会对体育教学和广大的青少年产生非常大的影响。因此,在体育教学人力资源培育的过程中,对体育教学人力资源的持续发展进行文化水平的培育有着非常重要的意义。通过进行文化水平的培育,可以提高人才的个人文化素养,提高其自身的气质与风格,并培养体育教学人力资源正面的整体形象。

二、高校体育教学物力资源管理

（一）体育教学物力资源管理的概念

一般认为,所谓高校体育教学物力资源,简单描述就是用于高校体育教学活动及其各项内容的宏观资源,这些资源是看得见摸得着的。高校体育教学物力资源是指在高校体育教学中,根据一定的方式和规律,管理者将高校体育教学物力资源进行整合,从而实现高校体育教学目标的活动。也就是在开展高校体育教学活动过程中,对所用到的物质资料,即场地、器材、设备、场馆等进行全面协调,从而达到顺利开展高校体育教学活动目标的活动过程。

(二)体育教学物力资源管理的要求

1. 体育场馆资源管理要求

体育场馆的资源管理是物力资源管理的一项基本工作。高校中,体育课的正常进行、体育赛事的顺利举办,都与体育场馆有着紧密联系,因此,体育场馆的管理一定要受到高校体育工作者的足够重视,并且应将管理工作切实做好。具体来说,应该达到以下几个方面的要求。

(1)功能齐全,搭配合理

为了保证体育课教学、体育活动和运动训练的正常进行,体育场馆的功能要满足所有学生的需求,并且要布局合理,体现出专用性。其中,高校体育中普遍开展的运动课程要优先展开,这类体育课程主要包括田径、篮球、排球、足球、羽毛球、乒乓球、武术、健美操等。

(2)环境整洁,气氛优雅

大学校园中的体育场馆,其主要功能就是使师生体育活动的需求得到满足,保障师生获得健康。因此,体育场馆必须要求环境整洁、气氛优雅。

具体来说,一般的高校体育场馆都有这样的硬性要求:不得在体育场地周围 2 米以内设置障碍物;大型器材应固定摆放,尽量不挪动;定期检查维护器材;保持体育器材和场馆地面的卫生,按时进行消毒和保洁。

（3）器材摆放，秩序井然

体育场馆中的体育器材的摆放要做到秩序井然，分门别类。可以根据项目的不同或使用频率对所有器材进行分类。为了服务体育课程，通常情况下，经常使用的大型器材固定位置摆放，小型器材在器材室摆放。需要注意的是，不需要经常使用的器材要及时收回保管室妥善处理，在使用的时候再拿出来。

（4）环境安静，不影响上课

体育环境管理有两方面，一是体育场馆内部的管理，二是体育场馆的外部管理。对体育环境产生影响的外部因素较多，如路人的走动和相关活动举办等。体育教师应正确对待和处理这些因素，保障好体育教学环境。

（5）制度健全，责任分明

由于体育场馆中的很多工作都是固定的，比如保洁人员每天都打扫同一片区域，收拾同一部分的物品，管理人员有时会检查同一批器材，巡视同一个地方。因此，体育场馆的管理是一项长期艰苦、精细严格的工作，需要落实制度化和责任化。

2. 体育器材资源管理要求

不同体育器材的存放上是有要求的，并需要管理人员定期进行保养和维护。因此，体育器材的管理是一项难度比较大、步骤十分烦琐的工作。这就要求对于高校体育器材的管理工作要在操作上要程序化、制度化，具体来说，应该从以下几个方面入手。

（1）分门别类地放置体育器材

在放置体育器材时，要根据不同项目或不同要求对器材分门别类，通常情况下，可以按照使用频率、材质、形状等分别放置，如球类器材要上架，护具、小件器材要入柜，球拍要整齐码放。

（2）外借体育器材手续应齐全

①根据课程要求，按时、按项目、按量把器材借到手，不可以随意把器材拿出体育场馆外。

②由课外活动时间使用体育器材的部门提出申请，经体育部

负责人批准,方能借出,并要在使用完后立刻归还。

③当面点数检验外借器材,做到数目齐整,质量完好。

④当面检验回收器材时,要把所有器材归位,从哪拿的放哪去,严禁随意堆放。

(3)保持体育器材室的清洁

体育器材室要随时保持清洁。通常情况是每日闭馆前打扫一次,每周五结束前认真打扫一次,每月举办一次大扫除。打扫卫生时,要求做到不放过每一个细节,不遗漏每一个角落。在工作中保持一个优美舒适的工作环境,经常通风,减少细菌的传播,这样师生的健康就有了基本保障。

(4)器材管理员要坚守岗位

器材管理员对于每日的工作要制定工作计划,根据计划按部就班的执行和完成。一般来说,在学生上课之前,要打扫好卫生、整理场地器材,做好预备工作;上课期间,器材管理员要随时应对诸如天气变化、任课教师更改教学计划、器材损坏等突发变化,以使教学秩序正常、有序地进行得到有效的保证,不能擅自离开岗位。

(三)体育场馆的管理

体育场馆是学校进行体育教学、活动、训练的专用场所,为了使体育馆为学生服务,并使体育馆能安全、健康、高效的利用,因此高校的体育场馆也要建立起相应的管理制度。

为保证体育场馆的良好环境和体育课的顺利进行,师生在使用体育场馆时要遵守相关规定,具体如下。

(1)必须遵守体育馆开放时间的安排。体育课进行时,其他学生不得擅自进馆活动。闭馆时,要自觉离开。

(2)课外活动时间,体育场馆对外开放,但一般优先为校运动队服务,其他同学们在锻炼时不要干扰到运动队的训练。

(3)未经允许,不得随意变更体育场馆中各个教室的工作用途。

(4)未经许可,不得随意拆卸和挪用体育场馆内的器材。

(5)满足体育课的教学和课外体育活动的需要是体育场馆的基本功能,不建议将体育场馆用作其他与体育无关的活动。

(6)必须按规定穿着运动装备进入场馆,不穿运动装参加体育课或者体育训练的,教师要予以指正和警告。

(7)上体育课时,听从教师安排,避免对其他班级上课的同学造成影响。随身携带的物品,如衣物和饰品等要放在指定的储物柜中。

(8)体育场馆内使用器械时要规范,以避免对自己和器械造成伤害。

(9)在体育场馆内举止要文明,严禁随地吐痰、乱扔垃圾,将垃圾放入垃圾箱内,不得吸烟,保持体育场馆内清洁、卫生。

(10)贵重物品不建议带入馆内,若携带要妥善保管。

(11)校外单位使用学校体育运动场地,要向学校的管理部门提出申请,经批准后才可使用,要遵守学校的规定。

(四)体育场地的管理

1. 田径场管理

田径场是每个高校进行体育活动的最重要的场所,除了进行体育课之外,一般还用来举行大型运动会、体育教职工体育活动。针对田径场制定的管理制度主要包括以下方面。

(1)在上课期间,田径场实行封闭式管理。进入田径场的人员,必须是上课的人员,且要听从管理人员的指挥。

(2)在课外,外校人员需要使用田径场、足球场,应事先向学校提出申请,经批准后才可进入。

(3)严禁在田径场内吸烟、乱扔垃圾,保证场内卫生、整洁。

(4)在田径跑道上要穿运动鞋或跑鞋,不得穿其他不得体的鞋。

(5)在田径场地内活动建议带水,不建议带可乐、橙汁等饮料,因为饮料液体比较粘,撒在塑胶跑道上很难清理。

2. 足球操场的管理

(1)严格遵守本校管理条例,爱护草坪和场内设施,保持场内卫生。

(2)禁止机动车辆进入草地。

(3)田径运动的掷标枪、铁饼和推铅球等投掷项目,只能比赛时使用草坪地,训练时尽量少用。

(4)根据季节和草的生长情况合理使用草坪场地,以华北地区为例,每年十二月至次年四月为草坪保养期,一般不安排使用;五、九、十、十一月可两天使用一次;六、七、八月可每天使用。南方草坪场地可全年使用。

(5)做好草坪场地的越冬管理。越冬前,进行一年之中的最后一次修剪;早春草坪嫩叶返青前,进行 1 次滚压;返青后应及时浇水。

(五)体育器材的管理

大学校园中,由于平时开展的体育教学活动较多,项目种类十分丰富,随之而来的便是广大师生有着更高的需求,学校要配备更齐全的器材。一般来说,体育器材大部分都是学校出资统一购买,极少数会通过接受馈赠的途径获得。体育器材设备的质量对教学效果有直接影响,甚至还关系到使用者的安全。因此,在购置器材设备时,要仔细考察和对比,选择正规体育厂商和知名体育品牌的产品。购买器材要委派相关工作人员全程仔细监督,以求对购买的体育产品做到严格把关。

购入器材后,一般是分门别类地将它们入库存放。由于体育器材的体积、质地和用途都不一样,因此特别根据其特点进行专门的安排,如木质器材和电子器材需要放置在干燥地区;金属器材不要放置在高处;常用到的器材尽量放置在离门不远的位置上;还有诸如球拍和球类最好放置在专门的保管柜中。

三、高校体育教学财力资源管理

(一)体育教学财力资源概述

1.体育资金的概念

体育教学财力资源,从狭义上来讲,就是体育资金的管理。体育资金是高校体育事业充分发展的必要条件,对于每个高校来说都十分重要。

资金是国民经济中物质的货币表现,根据不同的标准,可以将其形式分为很多种。根据分配形式来分类,可以将资金分为财政资金和信贷资金;以使用的用途来分类,可以将资金分为建设资金、生产经营活动资金和其他用途的资金。在高校体育中,专门用于发展体育事业的人力和物力的货币表现,就是所谓的体育资金。体育资金也有不同的分类方式,最主要的形式有以下两种。

(1)根据体育资金的用途,可将体育资金分为体育事业投资和体育基本建设投资。

(2)根据体育资金的使用对象,可以将体育资金分为群众体育投资、竞技体育投资和体育教育科研投资。

2.体育资金的特点

体育资金的显著特点主要表现在以下几个方面。

(1)政策性特点

一般来讲,体育资金的来源、分配和使用都是按照国家体育发展的政策来执行,这就是体育资金的政策性特点。目前我国体育事业发展速度飞快,体育投资已经日益渗透到国民的发展计划之中,进入人民的日常生活。国家下拨的体育经费、职能部门的专项拨款等都与国家政策性的指导有着非常密切的关系。

（2）多样性特点

高校体育资金的来源主要有三种，即"拨款型""筹款型"和"结合型"。在我国高校的实际发展中，体育经费来源所占比重较大的是"筹款型"和"结合型"，"拨款型"所占比例较小。

（3）效益性特点

体育资金一旦使用，就能产生一定的社会效益和经济效益。体育资金投入之后，能对本校的体育事业发展起到积极的促进作用，同时，还能够对整个体育产业有着一定的推动作用。

（4）增长性特点

世界的大部分国家都对体育发展十分重视，体育资金都在快速的增长，特别是经济发达国家和地区。我国对体育的财政拨款也呈逐年增加的趋势。在国家财政拨款保持稳定和增加的基础上，社会集资、企业赞助等也越来越频繁，体育资金总量呈现出增长的态势。这就充分体现出了体育资金增长性的显著特点。

（5）不充足性特点

随着我国体育事业不断发展，竞技体育、群众体育和体育科研等也有了新的面貌，因此，这些方面的经费开支也越来越大，所以在有些组织和单位中就出现了体育资金不足的情况。

（二）体育经费管理的过程

1. 体育经费的预算

高校一般按年度对体育教育的各项经费进行收支预算，就是所谓的高校体育经费的预算。高校的体育经费预算有一定的规定，具体包括以下几个方面。

（1）国家和学校的有关财政法规制度。

（2）当年度学校经费预算的指导思想。

（3）上年度收支指标完成情况分析和决算财务分析。

（4）学校对经费预算的内容要求。

（5）本年度开展学校体育工作所需要的经费预测或者与上年度相比主要增减项目。

（6）本年度学校体育自我创收经费估计。

（7）熟悉预算科目和预算表格。

高校体育部门在对体育经费的使用管理方面，应当遵循勤俭节约的风格，不铺张浪费，以财务管理的规定和权限为主要依据，履行相应的报批手续，严格执行国家和学校制定的财务制度与经费使用办法。

2. 体育经费的收入

高校体育经费收入有多种渠道，具体如下。

（1）事业拨款

所谓事业拨款，就是从教育行政部门按学生人数下拨的教育事业经费中用于体育的比例部分。高校的体育经费来源中，事业拨款占据主要的部分。事业拨款的用途主要有三个方面：第一，维持正常高校体育工作开展的各项花销；第二，购置大型体育设备的购买经费；第三，高校体育场馆建设专项经费。

（2）学校筹措

学校筹措是指高校内部从创收、校办产业等方面的收入。这部分资金的用途主要是体育教师的过节等福利经费、课时津贴等。

（3）社会集资

学校或校体育部通过举办重大比赛、参加重大比赛以及体育场馆建设等向社会企业召集赞助，就是所谓的社会集资。

（4）自行创收

高校体育部通过符合校规法规的运作，向校内师生或校外人员提供有偿服务而获得的收入，就是自行创收。

3. 体育经费的支出

在体育教学中，经费投入有着很多方面，其中较为重要的有以下几个方面。

(1)日常费用。主要用于课外体育活动、运动队训练与比赛、体育图书资料的购买、体育教学的维持、场地器材维护修理等。

(2)器材设备费用。主要是购买一些大型的体育器材设备。

(3)专项建设费用。主要用于体育场馆的建设与维护。

(4)办公费用。主要用于体育部门办公室的日常办公花销。

(5)其他费用。用于高校体育教师和行政后勤人员的酬金补贴和后勤经费。

(三)体育经费管理的内容

1. 体育活动经费管理

体育活动经费的主要用途是高校为了使学生的身体锻炼得到保证而开展的多种多样的体育活动。高校的体育管理人员要遵循群体活动经费的使用规律,花每一分钱都要对学生负责。学校每开展一项体育比赛,就会涉及许多具体的方面,缺少任何一项都有可能会对竞赛的顺利进行产生影响。具体体现在以下几方面。

(1)组织编排费

教师在相关赛事活动的组织编排上会制定竞赛规程、召集有关人员开会布置工作、对裁判进行培训、编排竞赛日程、准备裁判器材、安排裁判和运动员、准备奖品等的费用,就是所谓的组织编排费。

(2)裁判劳务费

裁判劳务费要以各个学校的标准作为依据,而且要注意教师和学生是有所区别的。教师可以折算成课时,或用其他方式,学生以培养学生的组织裁判能力为主,适当的经济补贴为辅。

(3)添置器材费

一般情况下,添置器材的费用在年度资金预算中得以体现,如出现预料之外的支出,需要临时添置,就要动用机动费用。

（4）奖品费

高校体育竞赛奖品费与竞技体育有着一定的差别，具体来说，高校体育竞赛奖品费对学生主要是鼓励为主，经济奖励为辅；集体荣誉奖励为先，个人荣誉奖励在后。因此，在奖品费的分配上，要重集体轻个人，注重对集体项目的经济奖励，个人名次以发给荣誉证书为主，也可以发给少量奖金。

2. 体育器材经费管理

体育器材有不同种类，比较常见的有大型的固定资产和小型的消耗品。其中，大型器材不会经常购买，只有小型消耗品需要经常添置。高校加强对各项体育经费的管理，将体育器材的使用效率处理好，使体育器材成本得到有效降低，从而使体育器材经费发挥高效率的作用。体育器材经费的管理从以下几个方面入手。

（1）科学制定采购器材预算

学校对体育器材的采购预算主要应包括以下几个方面。

①每年体育器材消耗费用的预算。高校每年体育器材的消耗费用支出十分固定，如篮球、排球、足球、羽毛球等，每年在用球和球拍的使用上消耗量很大，购买球和球拍的费用是每年采购预算中必须要考虑到的。

②第二年增减项目的器材费用的预算。学校第二年增减项目器材费用是应对学校或师生的特殊需求，对器材购置作调整而准备的。

③体育教师工作服采购费用的预算。这项费用支出的数额不高，因此常常被忽视。为了确保对体育教师工作的尊重和支持，要把这项费用考虑进来，在实际采购中根据学校的具体情况具体实施。这部分采购行为也可以由学校来负责，也可以通过给教师补贴的方式进行，总之这部分资金必须要纳入年度采购的预算项目内。

④机动费用的预算。由于学校每年的器材采购经费都会有

一定的增减,因此,留有一部分机动费以备不时之需是十分必要的。

（2）提高采购行为的规范化

每年高校体育器材的采购花费是一笔不小的开支,采购的质量和渠道对高校有限的体育经费是否能够充分发挥作用会产生非常重要的影响。鉴于此,就要求要将这些经济交往中的不正常行为杜绝掉,并且买到物美价廉的产品,增加采购透明度,提高采购行为的规范性。

（3）最大限度减耗增效

为了减少购买体育器材的支出,就要充分发挥体育器材的作用,充分利用其价值,减小其损耗。但是,不可否认的是,器材都是有使用寿命的,因此,在器材的管理上就要加大力度,建立健全体育器材管理制度,规范器材使用,减少不必要的损耗,这样才会尽可能地减少器材购买的开支。

3. 体育场馆经费管理

（1）体育场馆经费的开支分类

①按性质分类,可将高校体育场馆的经费支出分为营业成本和期间经费两大类。学校体育场馆的期间经费主要包括管理经费、财务经费和营业经费（日常支出及损耗）。

②按项目分类,可以将高校体育场馆开展的各项业务与活动发生的实际支出分为多种,即雇佣管理人员的工资、公务费、设备购置费和维修费等。

③按时间分类,可将高校体育场馆的经费支出分为三种,即体育场馆为取得营业收入直接发生的直接经费;有助于当期营业收入的实现或不值得在各期间分摊的期间经费;效用在一个会计期间以上的跨期经费。

（2）体育场馆经费的监控管理

为了能将体育场馆经费落到实处,必须有专人对资金的使用和流动方向进行监管。尽管监管行为是对管理人员的不信任,但对学校来说是必要的,其根本目的在于有利于体育场馆的各方面正常运行,因此就要求建立起全面的监管系统。具体来说,体育场馆经费的监控管理主要包括两个方面。

①出纳员的监控管理。出纳员是高校体育部门中经费开支控制管理的一个重要岗位。在工作中,出纳员除了要严格遵守《会计法》《会计基础工作规范》等财会法规外,还要遵守高校制定的经费支出细则,严格审核支出凭证是否与会计部门制定的内容相符、是否与会计部门制定的金额相符、是否与领款人的印鉴相符,如有疑问应先查询确认后方可支付。

②经费开支的监控管理。根据本校体育场馆的运营情况制定计划,有月计划、季度计划或年度计划,同时还要制定体育场馆经费开支标准。

(3)体育场馆的收入核算

①单体项目营业收入核算。单体项目是指独立经营的单个项目,如健身房、羽毛球馆、篮球馆等。每天营业结束时,收款员填写好营业报表,最终完成当天的营业收入核算。

②营业收入结构核算。营业收入结构核算指在一定时期(月份、季度、整年)的单项收入或分类收入占分类或部门营业收入的比率。在单体项目和分类项目营业收入及部门收入核算的基础上进行分类汇总,最终完成部门营业收入结构核算。

③营业收入季节比率核算。营业收入季节比率核算是指体育经营项目的月季营业收入占全年总收入的比率。该核算方法有利于分析各个体育健身项目业务经营的季节变化,为体育场馆的计划编制、工作安排、客源市场开发和客源组织提供参考依据。

4. 体育竞赛经费管理

体育竞赛经费一般是高校体育代表队进行外出比赛的经费支出,即高校体育竞赛经费。高校体育竞赛经费可以由学校专门拨款执行,因为高校的体育竞赛往往会对整个学校的荣誉产生重大影响,因此这方面的经费一定要加强管理力度。具体来说,高校体育竞赛经费主要包括以下几个方面的内容。

(1)教练员训练课酬

教练员训练课酬与体育教学课有着很大的区别。因为竞赛的意义对学校来说更重要,需要教练员全身心投入,在训练中对运动员全方位的培养,教师所付出的精力甚至超过了体育课的教学。比如,不光对运动员的训练负责,还要抓文化学习,抓思想培养,外出比赛与运动员一起生活,还要负责体育特长生的招生工作,外出比赛还需要负责运动员的衣食住行,随时掌握竞争对手的情况等,这对于教师来说,需要耗费很大的精力。因此,为了能够让教练员集中精力将训练和竞赛搞好,高校应该在这方面有一定的倾斜政策,给予教师充足的津贴。

(2)运动员训练补助

体育竞赛经费的一项重要开支就是运动员的训练补助。高校的大学生运动员有着光荣的使命感和责任感,他们日复一日的刻苦训练,为学校荣誉奋勇拼搏,而训练中消耗大量体力,要及时补充营养。学校一般会以运动员的等级、贡献的大小、技术水平的高度等要素来决定这些补助的发放力度。

(3)训练竞赛器材费用

训练竞赛的进行就需要配备专门的体育器材,要与实际比赛相近,在规格方面甚至可以高于实战的规格,但不能比实战规格低。体育器材的质量和档次会对比赛产生直接的影响,在购买时不能大意。

(4)运动员比赛服装费用

通常情况下,高校运动员的比赛服装在每年在大赛前购买一套,也可以根据本校情况和需要增加相应的配置。这方面的经费要考虑到市场规律,并且要求服装要与竞赛规则相符,同时还要具有实用、美观、耐用等优点。

(5)校外竞赛费用

高校运动队进行外出比赛时,比赛地点的远近在很大程度上决定着支出的多少。一般来说，距离学校近可以自驾前往，距离远则就需要交通费，还要支出住宿费、餐务费等。这些都需要在年度预算中列出。

（6）比赛奖励

校运动队在重大比赛中取得好成绩，应该受到奖励。奖励不仅能够让运动员的精神受到鼓舞，同时，物质奖励也是一种刺激条件，吸引更优秀的运动员到本校就读，这对于体育人才的引进也是非常有利的。

（7）外出招体育特长生经费

高校为了自身的体育教育发展，往往会招体育特长生，这项工作也需要经费的支持。除了正常的工作关系外，要想招到能为校争光的优秀体育人才，还要进行相关的运作，比如对学生的父母进行劝说等，这些都需要经费。通常情况下，外出招体育特长生需要的经费支出主要包括差旅费、交际费、电话费等几个方面。

5. 体育教研经费管理

现代体育教学的科学化管理离不开科学理论指导，因此，在现代体育教学资源的管理实践中，也需要一定的科学理论做指导，因此，科研经费是现代体育教学财力资源管理的一项重要内容。

现阶段，高校体育教研经费主要包括以下三个方面内容，而管理也应从以下三个方面入手。

（1）科研成果鉴定费用

在高校体育科研项目中，为了鉴定科研成果，邀请有关专家来做评估和调研是一个必要的环节。因此，也应该将这一项费用列入年度经费预算。

（2）科学研讨交流费用

体育教师进行体育科学研究要发表论文，论文的发表就可能被邀请参加各级体育科研论文报告会，因此，这就成为每年的年度经费预算中的重要部分。

（3）考察观摩学习费用

要想本校体育资源管理更加科学,必须解放思想、主动学习,重视其他院校的先进管理经验的学习与引进。因此,每年的体育经费预算中就需要列入外出考察的费用。

通过外出考察、观摩和学习,能够充分理解上级的指示,能够通观全局,找到适合本校的改革方案,可促进本校的体育教学及其管理活动的不断完善和科学化发展。

第二节　高校体育教学活动的管理

一、体育教学活动管理体系

高校的各项教学工作的展开与管理一般是在校长的领导下,由教务处负责全校教学工作的统一组织和管理,各个学科的教研部门具体实施教学管理工作,教师负责管理教学过程,对学生进行管理。

（一）教务管理部门

教务处负责全校教学管理和监控的工作,具体职责包括制定教务管理规章制度、制定与实施教学计划、课程的全年安排与日常调度、学生选课与成绩管理、计算教师教学工作量、推动教育创新等教务管理工作。

（二）体育教研部门

高校的体育教研部门在体育教学方面主要负责体育教学科研的组织和管理工作,具体有各项职责,分别是体育教育教学改革和管理工作,制定实施体育教学制度,实施体育教学工作计划,监督控制体育教学质量,定期开展体育教学研究工作,建设体育科研实验基地,选用或编写体育教材,核定体育教学工作量,合理配置和利用体育设施设备等教学资源。

（三）体育教师

体育教师最主要的任务是体育教学,开展体育课堂管理,具体的职责分别是完成常规教学任务,完成固定的课程数量和教学课时,保证教学质量;开展体育教学科研工作,写一定数量的学科论文;高等院校的体育专业教师还要承担专业学科建设、论文指导、实验室建设等方面的工作。

二、体育教学活动管理的系统

（一）体育教学目标管理

体育教学目标在体育教学中十分重要,是体育教学中预期达到的教学效果。体育教学目标管理中,根据学生的情况,将体育课程目标落实到各个阶段的教学中,以体育教学目标为导向,实施的体育教学管理。

1. 体育教学目标体系

体育教学目标是一个完整的体系,包括学段目标、学年目标、学期目标、单元目标和课时目标。学段目标是指人上学中的不同阶段,小学、初中、高中和大学四个学习阶段的体育教学目标,就大学而言,大学分为基本和发展两个层次。学年目标是学段目标的延伸,根据学段目标,各个学年设置实现学段目标的子目标。依次类推,范围从大到小,最终落实到每一节体育课上来。

2. 体育教学目标管理

在建立目标体系的基础上,可采用教学目标责任制来开展体育教学目标管理。首先,将学段目标一层层地细分,落实划分至课时目标;其次,每一位教师要明确自己的教学目标,将体育教学目标转化为个人的责任,形成目标责任制度。目标管理要求教师的自主性,为此,体育教学目标管理要促使教师参与体育教学目标的设定与划分,在教学过程中注重发挥教师自我控制与管理的作用,全面向实现教学目标前进,从而有效地调动体育教师实现教学目标的积极性和主动性。

(二)体育教学设计管理

体育教学设计结合了体育教学目标和教学对象的特点,通过科学系统的方法,寻找到达成教学目标的最优途径,最终形成体育教学方案的过程。好的体育教学设计能够提高体育教学的效率和质量,增强学生对体育运动的兴趣,进而更有效地实现体育教学目标。

体育教学设计的一般程序是:分析教学目标和对象→选择教学内容→制定教学方案→形成教学方案→开展教学评价。

1. 分析教学目标和教学对象

分析教学目标也就是找出教学目标中的重点和难点。教学设计就是以教学目标为导向进行设计。分析教学对象,即学情分析,要准确而客观的把握学生的特点和身心发展规律,这是教学设计的依据。

2. 选择教学内容

选择教学内容,是为了找到体育教学中"教什么"和"学什么"问题的答案。教学内容的选择一般来说参考《体育与健康课程标准》《全国普通高等学校体育课程教学指导纲要》以及本地区、本校的体育课程计划,选择符合教学目标和学校实际情况的内容。

3. 制定体育教学方案

制定体育教学方案是指制定合适的方案来传授体育教学内容。制定教学方案需要选择合适的教学组织形式和教学方法,设计科学的教学步骤,合理安排体育场地器材,最终形成教学方案。

4. 形成教案

体育教学设计后的最终成果就是教案,即课时教学计划。其内容包括教学目标、教学方法、教学内容、教学重点、教学难点、组织形式、教学过程、教师活动、学生活动、场地器材、课后总结和反思等内容。

5. 教学评价

教学评价是指对教学效果和目标达成的程度进行评估,评估结果对下一轮的教学活动是一种参考。教学评价是教学设计的重要一环,同时又具有一定的独立性。

(三)体育教学实施管理

体育教学实施根据体育课程的计划安排和体育教学设计进行体育课程教学,教学实施管理的关键在于做好体育教学常规,充分执行体育教学方案。体育教学常规分为课前常规、课中常规和课后常规。

1. 课前常规

课前常规是上课的准备工作,师生双方都要做好准备。教师要查看场地、器材的基本情况,备好课,准备好上课材料、服装、哨子、秒表等必备物品,提前 15 分钟到达上课地点,做好课前检查。准备教材是通过教材明确体育教学的内容、教学方法、教学组织形式和教学应该达到的目标;准备学生是了解学生的基本状况;准备场地器材就是明确上课所用的场地和器材,确认场地使用上不存在冲突,还要排除安全隐患。体育绝大多数是实践课程,但是教师还要备好 1～3 节理论课,以预防恶劣天气等特殊情况无法进行实践课。学生课前常规要在身体和思想都做好准备,穿合脚的运动鞋和合身的运动服,如果因病、伤等无法上课时要提前和老师请假。

2. 课中常规

课中常规包括教师教学常规和学生学习常规。

(1)教师教学常规

①准备阶段。体育教师发出口令集合队伍,宣布开始上课。首先检查学生服装和鞋子情况,有不合格的及时纠正或警告;然后宣布本节课学习与练习的任务及要求,并安排组织进行准备活动;安排不能参加课程学生的活动。

②教学与练习阶段。在动作练习的过程中,教师注意观察学生,及时指导学生,保护学生的安排,排除隐患,积极参与学生的练习活动。

③结束阶段。教师带领学生放松,对本节课的表现进行点评。

(2)学生学习常规

提前 5～10 分钟到达上课地点,早来的同学主动与体育教师一起搬运体育器材。教师上课后体育委员向老师报告出勤情况。课堂中认真学习,积极参与练习,掌握体育知识与技能。

3. 课后常规

课后常规是指体育课结束后体育教师和学生应完成的常规工作。体育教师做好课后总结,反思教学的经验教训,对学生的问题与不足提出改正做法;学生下课后抽时间认真练习,积极参加课余体育活动。

(四)体育教学评价管理

体育教学评价是指按照既定的标准对体育教学效果进行评

估,并根据结果改进体育教学的过程。体育教学评价是体育课程评价的组成部分,是体育课教学的延伸,学校可以依据体育课程评价的标准实施评价。教学评价主要包括评价标准、评价指标和评价方法三个方面的内容。体育教学评价方式主要包括对教学质量的评价和对学生学习的评价。

1. 教学质量评价

体育教学质量评价可以是专家评价,也可以是学生评价。专家评价的方法是指体育教学的专家根据体育教学质量评价标准对体育教师的教学进行评价。学生评价的方法是指通过对学生开展调查,以反映教师的教学效果。在高校中,一般所有科目都有学生评价,在课程结束后学生在教务系统上进行全面的评价。

2. 学习评价

对学生的学习过程和学习结果进行评价主要参照体育课程标准进行。学习过程的评价指标分为学习态度、投入程度和学习行为等。收集评价信息的方法主要有观察法、调查法、测试法。学习结果的评价指标包括体育知识、体育技能掌握的程度、学生体能状况和体育成绩等。

(五)体育教学过程管理

体育教学过程管理也被称为体育课堂管理,是为了确保体育教学达到效果而进行的过程管理与控制活动。在体育教学管理过程中,教师要做到规范管理、积极参与和灵活处置。

规范管理,是指学生要遵守体育课的基本纪律,教师要严格执行体育课堂规则,具体包括课堂常规和体育活动程序。课堂常规包括学生上下课、考勤、听课、练习和交流等的基本规范,还包括师表、教态等要求。课堂常规对教师和学生都提出了要求,教师要做好自我管理和对学生的管理,维持正常的课堂秩序。体育活动程序包括体育活动准备、体育活动参与和课后放松等环节。

积极参与是实现教学目标的保障。教师在如何促进学生积极参与体育教学活动的方法上有很多的技巧，一般来讲，要做到积极引导、科学组织、及时鼓励、认真指导、做好示范、适时点评。

灵活处置是指根据学生、情境的不同，灵活应对教学过程中的各种事件。体育课不像文化课，它比较开放，以体育活动为主，因此有很多意想不到的事情出现。在体育教学过程中要灵活处理学生和环境问题，以保证教学顺利开展。

第三节　高校体育教育管理的瓶颈与对策

一、高校体育教育管理的瓶颈

（一）管理理念相对滞后

先进的管理理念是做好管理工作的基础。从目前我国高校体育教学管理理念来看，存在着管理理念相对落后的局面。很多高校的体育教学管理依然存在行政化的特点。这种做法既没有提高高校体育管理的效率，又没有在高校体育教学管理中渗入旨在提高管理效率的理念，从而没有调动管理人员的积极性，"干多干少都一样"的思维普遍存在。这对提高高校体育教学管理效果产生了非常不利的影响，在体育教学中没有体现出师生的需求，教学过程管理、教学设施管理、教学档案管理等也十分低效。因此，要实现提升高校体育教学管理的效率，转变管理理念是高校主要面对的工作。

(二)管理人员素质参差不齐

随着高等教育顺应时代发展,各种新的教学矛盾和需要解决的问题摆在了教育者的面前,体育教学管理工作变得越来越复杂,对于高校体育教学管理人员在加强教学基本建设、深化教学改革、提高教学质量等方面有了更严格的要求,同时也对高校体育人员的素质有了更严峻的考验。面对这种情况,各高校有了初步的重视,在人员培训、领导强化等方面开展了相关工作。从全国高校体育教学管理人员的整体来看,情况仍然不容乐观。

首先,管理人员的思想素质需要加强培养。目前一些体育教学管理人员对体育的重要程度认识不足,在具体工作中没有积极性,服务意识较为淡薄,导致了管理效率低下。

其次,部分人员业务素质不强。相当一部分工作人员缺乏体育理论知识,对学校体育教学状况一问三不知,缺乏对学校现有体育教学管理制度的了解,对手头的工作没有进行思考,只停留在被动地机械操作的低水平管理层面。

(三)相关领导部门重视不够

学校的体育工作开展的好与坏,在宏观上除了受到社会政治、经济、教育和生活发展的影响,最重要的还是取决于学校领导层的重视和认识。就目前高校体育管理体制的建立来看,大部分领导们还没有重视这项工作。虽然在领导分工上有人来管理,但经费使用、器材购置、计划制定等工作上还难以及时运作到位,这在一定程度上影响了高校体育工作的正常开展与健康发展。

另外,校领导的忽视还导致了部分高校的体育管理出现管理混乱、杂务繁多的现象。高校体育部门除了承担教学管理工作,还承担着学校各类体育运动代表队的训练工作和全校群众体育工作,甚至还要承担教职工部分工资的发放。随着社会管理的复杂化,学校的职能机构一再膨胀,体育部的功能越来越多,需要进行的工作也越来越多,体育部更像是一个独立王国与教务处平起平坐,所以在教学管理上要下更大的功夫。

(四)高校体育教育投入不足

除了领导重视不够,我国教育经费的投入不足也是高校体育教学中软硬件设施建设落后的重要原因。据相关数据显示,我国高校生均高等教育经费支出从 2000 年到 2005 年实际在下降,从 7 310 元降到了 5 376 元。另外,我国 1993 年《中国教育改革与发展纲要》规定到 2000 年要达到 4% 的目标也没有实现,2006 年也仅占 3.01%。这种教育经费的整体紧张,自然会导致高校体育教育难以获得充足的资金保障。

二、高校体育教育管理的对策

(一)提升管理人员的整体素质

体育教育管理人员的素质建设,需要从以下几个方面入手。

(1)提升思想素质。体育教学管理人员需要充分认识到体育教学在整个素质教育系统中的重要地位,在工作中更加积极主动,并提升服务意识,提升整体管理效能。

(2)加强教师自身的业务素质建设。学校体育教育管理人员,需要对学校体育教学现状有清楚的了解,尤其是对当前学校体育教育管理制度有全面的了解,对所从事体育教育管理方面的工作有清楚的认识,并且从院校的低水平机械式管理向高水平管理层次转变。

(3)不断加强现代教学理念与管理理念方面的建设,制定教学计划过程中,要遵循大学生的基本运动素质来制定,不能将相关项目的计划时数、学习内容、教学要求等规定得过于死板,要有一定的弹性,充分发挥好教师在课程设计方面的主动性,并特别关注学生的学习进度和可变性。

（二）从实际出发，为学生提供优质教育服务

1. 学校体育教育管理需要从实际出发

在社会发展的过程中，大学生进入社会前作为校园的一分子，其身心还没有完全成熟，还有很强的可塑性。这就需要教师应该做到对症下药、因材施教，在整个体育教学管理的过程中，及时总结经验，参照相关法律依据来实行教育探究与教育改革，敢于创新，摆脱固有的思想，发展出适应新时期学生体育教育基本的管理方法与教育模式，使用多样化的开放式家庭教育，让学生能全面认识到学习知识的重要性。

2. 为学生提供优质教育服务

学校体育教育管理是以学生为服务对象，初衷是为全校学生提供优质的服务，而服务好学生就需要学校明确基本职能。学校职能包括三个方面的内容，分别是社会服务职能、培养职能、教育职能。高校的教育职能是学校职能的核心，让学生接受高等教育后能获得正确的世界观、人生观与价值观；而培养职能是高校的核心职能，是国家获取高层次人才的保障，体现出大学的价值；社会服务方面的教育职能与培养职能的最终目标，也是学校不断发展的必经之路。

（三）重视学生综合能力的培养

体育教育教师需要从学生实际出发，制定符合体育教学理念的教学目标，探寻学生综合素养的平衡点。体育教师在为学生提供广泛的体育文化知识的同时，让学生真正明白体育学习对提升综合素养的重要性。在学习的过程中，让学生能正确对待目标，充分重视学生的个性化特点，进而让学生能更好地融入社会。

体育教学模式的目标是实现学生综合能力的发展。体育教

学模式的教学目的是,促进学生能力的全面发展。体育教学模式可以参照社会流行体育文化进行制定,比如体育俱乐部式的教学模式,也可以尝试新兴运动,还可以充分结合各个阶段学校体育比赛、世界级运动比赛等,激发学生体育学习兴趣,进而推动学生能力实现综合性的全面发展。因此,体育教育需要充分关注学生综合能力方面的培养。

第八章　当前我国高校相关体育课程改革与发展探索

体育课程改革作为高校体育教育改革的重要组成部分,对高校体育教育教学质量和效果具有重要的影响作用。现阶段,随着我国高校体育改革的不断深入,我国高校体育课程体系日益丰富与完善。本章主要就当前我国高校重点体育课程的设置现状及其改革发展进行系统分析与研究,以为我国高校体育课程的改革与发展提供必要的理论与实践指导。

第一节　高校田径课程设置现状及改革发展

一、高校田径课程设置现状

（一）高校未设置田径课程的原因分析

田径运动课程是我国高校体育教学课程的重要内容,针对高校是否有必要开设田径运动课程,学生群体、教师、高校教育领导者普遍认为高校有必要开设田径运动课程(表 8-1)。

目前,我国大多数高校都已经开设了田径运动课程,但是,田径运动课程并没有完全覆盖全国各级各类高校,还有少数高校并未开设田径运动课程,对其原因具体分析如下。

通过调查发现,当前,田径课程选课人数少、内容枯燥无味、教学模式单一、健身价值不明显等是影响我国部分高校没有开设田径运动课程的重要原因,主要的原因如表 8-2 所示。

表 8-1　我国高校田径运动课程开设的必要性调查分析①

选项	学生(N=1157)	教师(N=87)	高校教育领导者(N=18)
非常必要	199	37	10
比较必要	409	32	10
一般	385	10	5
不太必要	138	8	2
很不必要	26	0	1

表 8-2　教师对我国部分高校未开设田径课的原因分析

选项	百分比(%)	选项	百分比(%)
选课人数少	77.42	枯燥无味	70.97
教学模式单一、无创新	48.39	健身价值可用其他项目代替	45.16
技术难度大,不易学习	25.81	容易发生伤害事故	22.58
要求身体素质较高	22.58	对今后无用	19.35
教学重竞技轻健身	12.90	场地器材不足	12.90
考试要求条件高	9.68	领导不重视	6.45
内容多而复杂	3.23		

　　此外,从我国一些高校的体育教学管理者方面了解到,从管理角度来说,学生选课人数过少直接影响了高校是否开设田径运动课程,这与针对教师群体的调查表现出高度的一致性(表 8-3)。

表 8-3　高校体育教学管理者对我国部分高校未开设田径课原因分析

选项	百分比(%)	选项	百分比(%)
田径课程太枯燥无味	83.33	学生选课的人数太少	58.33
学生怕苦怕累	50.00	教学模式单一、无创新	50.00
健身价值可用其他项目代替	41.67	考核评价方法不合理	8.33
场地器材不足	8.33		

---

　　① 赵红.我国普通高校公共体育田径课程设置现状调查与研究[D].北京体育大学,2007.

　　整体来看,教师群体、高校体育教育教学管理者对当前我国部分高校未开设田径运动课程的原因均有清楚的认识,并充分认识到当前田径运动课程设置的一些不完善因素,如课程枯燥无味,选课人数太少,课程内容单一、教学模式缺乏创新等,这些原因不仅直接导致了一些高校放弃开设田径课程,同时,对已经开设了田径运动课程的高校来说也具有重要的启发,高校田径课程的改革与发展必须充分正视和解决上述不足。

　　此外,在已经开设了田径课程的高校中,学生对田径运动课程的态度,也充分说明了教师群体、高校体育教学管理者针对田径课程在高校开展所遇到的最大阻力因素分析的正确性(表8-4)。

表 8-4　学生对田径课程的看法① 　　　　N＝1157

选项	人数	百分比(%)
喜欢田径课	278	24.03
不喜欢田径课	243	21.00
不喜欢田径课但喜欢田径运动	292	17.46
不喜欢田径课也不喜欢田径运动	135	11.67
田径课有趣味性	162	14.00
田径课枯燥无味	207	17.89
田径运动健身价值很大	532	45.20
田径运动健身价值可用其他项目代替	159	13.74
田径运动健身价值不大	57	4.93
同意保留田径课程	489	42.26
同意取消田径课程	106	9.16

(二)高校田径课程形式设置现状

　　在开设田径课程的高校,田径课程比较受重视。通过针对部

---

① 赵红.我国普通高校公共体育田径课程设置现状调查与研究[D].北京体育大学,2007.

分高校的学生调查,发现除了学校开设田径运动必修课学生不得不选外,在选修课中仅有极少的学生选择了田径课。这一调查结果充分表现了当前我国高校大学生对田径课程所表现出来的学习和参与兴趣均不高的现状与事实。

在高校田径课程教学阶段性方面,高校在一年级开设田径必修课比例较高,开设田径选修课比例较低(表8-5)。

表8-5 田径课开课形式调查表

选项	百分比(%)
一年级必修,二年级选项,三、四年级选修	53.57
一、二年级必修,三、四年级选修	26.78
一、二年级选项,三、四年级选修	14.29
其他	5.36

(三)高校田径课程教学课时现状

高校体育课程项目内容较多,作为一项基础性的体育运动项目,田径运动课程的课时安排并没有太多,一方面与高校体育课程整体课时有限有关,另一方面也与高校体育课程内容丰富有关,具体到田径运动课程上,分配到的课时并不多(表8-6)。①

表8-6 我国部分高校体育教育专业田径课程课时、学分、开设学期数

高校	学时/个	学分/分	学期数/个
北京体育大学	96	4	2
首都体育学院	208	12	3
上海体育学院	128	5	2
武汉体育学院	90	5	2
广州体育学院	96	6	2

---

① 许占鸣,李晓慧. 我国体育院校体育教育专业田径课程设置与实施情况的对比研究[J]. 中国学校体育,2015(10).

高校	学时/个	学分/分	学期数/个
成都体育学院	170	8.5	3
天津体育学院	160	10	3
沈阳体育学院	160	10	3

整体来看,我国大部分高校的田径课程设置教学时数偏少,此外,田径运动理论与实践内容课时安排存在严重的不合理现象,具体分析如下。

1. 田径理论课程时数

目前,我国绝大部分高校,平均每学期只有 2 学时理论课安排,甚至有少数高校理论课只占 1 学时,而针对高校体育课程的合理安排上,高校体育教师普遍认为,高校田径运动课程设置理论与实践教学内容课时比例应该为 7∶3,但是,我国多数高校的田径课程设置没有达到这一比例。

2. 田径实践课程时数

目前,我国高校田径运动通常都会设短跑、接力跑、中长跑、跳远、推铅球等项目,教学时数一般为 12～20 学时,每个项目的平均学时不超过 5 个学时。有很多学校每周 1 次田径课,共 2 学时,很难满足学生的田径运动学习需求,课时少、教学不够深入严重影响了我国高校田径运动教学的效果与质量。

(四)高校田径课程教学教材现状

整体来看,当前我国高校体育教材主要有四种形式,高校田径教材选用中,全国统编教材、自编教材、统编与自编结合、无专用教材四种情况的比例是 4∶2∶2∶2。

在高校田径教学中,田径课程的教材以统编教材为主,高校根据本校实际选编田径教材的学校较少,其主要原因是在职的高校田径教师教学、科研压力大，精力有限，没有时间或能力组织编撰适用本校的田径教材。在高校田径统编教材的使用过程中，尽管统编的田径运动教材在突出本校特色方面有很多不足之处，但是，大多数高校田径教师给予了统编教材较高的评价（表 8-7）。

表 8-7　教师统编教材使用的必要性及满意度调查

必要性	百分比（%）	满意程度	百分比（%）
很有必要	32.4	教材非常适用	14.29
较有必要	39.9	教材大部分适用	46.43
认为一般	16.7	教材适用情况一般	32.14
不太有必要	11	教材不太适用	7.14

（五）高校田径课程教学内容现状

1. 高校田径课程教学结构体系

（1）理论课程教学内容

当前，我国高校田径理论课程教学中，由于许多体育教师对田径理论知识教学并不重视，大部分高校的田径课程教学理论课的内容主要以田径运动简介、特点及价值、发展趋势三方面为重。学生的田径理论学习内容有限。

（2）实践课程教学内容

现阶段，我国高校田径课程技术教学内容主要是短跑（接力跑）、中长跑、跳远、跳高等，撑竿跳高、掷铁饼、标枪、链球等项目开设较少（图 8-1）。[①] 在田径运动项目设置上盲目删减某些"危险"项目，如撑竿跳高、跨栏跑、标枪等，我国大部分高校都将这些田径运动项目直接过滤掉。

---

① 赵红．我国普通高校公共体育田径课程设置现状调查与研究[D]．北京体育大学，2007．

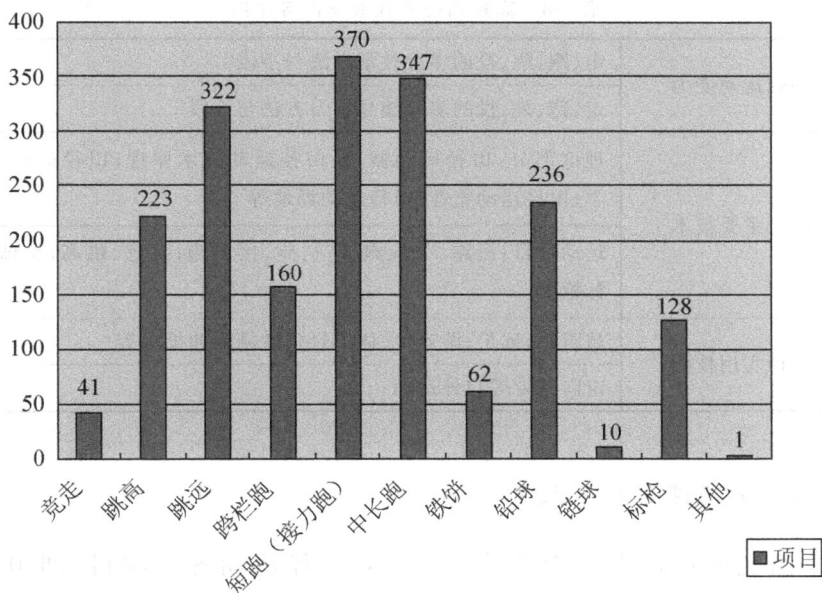

图 8-1

　　整体来看,当前我国高校田径课程体系教学内容能在一定程度上满足学生跑、跳、投的发展,但是课程内容设置偏旧、简单化,在促进学生健身方面具有重要作用,但是对于一些项目的摒弃不利于学生的知识和技能拓展,也不利于学生相关意志品质的培养,是非常不科学的课程设置。①

2. 高校田径课程教学内容体系

　　高校田径运动课程教学内容主要分为理论部分和实践部分。田径课程教学内容的构建,以竞技性、健身性和实用性三大属性为依据,主要由基础运动能力、田径主要技术和实用技能这三大板块构成(表 8-8)。

---

　　①　蔡华.我国普通高校田径课程改革的国际化趋势[J].广州体育学院学报,2013,2(33).

表 8-8　高校田径课程教学内容体系

基础运动能力	走、跑、跳、投的多种教学方法与手段
	走、跑、跳、投的多种健身练习方法与手段
田径主要技术	理论部分:田径运动概述;田径运动技术原理;田径运动教学;田径运动竞赛;田径运动场地等
	运动项目:短跑、中长跑、跨栏跑、接力跑;跳远、跳高;铅球、标枪等
田径实用技能	越野跑、远足;游戏性、休闲娱乐性跳跃和投掷等
	定向越野等户外运动

3. 田径课程技术技能教学

田径课程技术技能教学主要针对田径运动各类项目,即田径走跑类项目(竞走、短跑、中长跑)、田径跳跃类项目(跳高、撑竿跳高、跳远、三级跳远)、田径投掷类项目(投铅球、掷铁饼、投标枪、掷链球)等具体技术动作进行详细讲解并组织学生学练。

二、高校田径课程的发展趋势

(一)田径运动在高校的进一步普及

田径运动是高校体育课程教学的重要内容,是体育运动的基础,其在促进学生身心健康发展方面具有重要的地位与作用。田径运动作为一项良好的健身运动形式,对于场地设施的要求并不高,便于开展,在高校体育教学中具有重要的普及与推广价值,同时其是高校体育传统体育教学项目,在体育课程设置方面具有一定的优势,未来的高校田径教学在高校必然将进一步得到普及与发展。

(二)田径课程设置重要性认识的进一步深入

长期以来,我国高校体育教学都一直存在着较为严重的学训矛盾,在田径课程教学中,文化学习与训练的矛盾冲突同样存在,随着近年来我国高校体育教学的不断改革,高校体育的教学思想逐渐发生了转变,对学生的身心健康发展日益重视。

田径运动对大学生的身心健康发展具有重要的作用,高校田径课程教学训练不仅能发展学生身心健康,而且还能培养大学生勇敢顽强的精神、坚韧不拔的意志。尽管与球类运动、休闲拓展运动相比,田径运动的趣味性不足,但是正因如此,田径运动也才具有球类运动和休闲拓展运动在学生心理素质发展方面所不具有的重要教育价值。因此,高校田径运动课程的教育价值是不能被忽视和被其他体育运动项目代替的。在高校田径课程的改革过程中,不仅不能轻视田径运动教学,而且应该加强田径运动课程教学,进一步完善田径课程设置以最大限度的发挥田径运动教育价值。对于这一点,高校教师和体育教学管理者都已经有了一个明确的认知,并且这种认识的不断深入直接推动了高校体育教育工作者致力于加强高校田径运动课程设置的改革与发展。

三、高校田径课程的改革与发展对策

通过前面对我国高校田径课程设置现状和存在的问题的分析,以及高校田径运动课程发展趋势,新时期要促进我国高校田径运动课程设置的改革与发展,应做好以下工作。

(一)重新定位田径教学价值

新时期,促进高校田径课程的改革与发展,首先需要正确地看待田径运动以及田径课程。将高校田径课程改革的重点放在对田径课程教育功能的开发及田径课程社会适应性的提高方面。在全面推进素质教育的基础上,大力开发高校田径课程的生存、生活、道德、个性等教学价值。

新时期,高校体育的根本出发点和落脚点是"育人",它是现代教育的重要组成部分。学校体育的首要的本质功能就是要增强学生的体质。高校田径课程教学具有重要的健身教育价值,而且田径运动被誉为"运动之母",是最基础的体育运动项目,能够发展运动者的跑、跳、投基本能力,能较大程度地发展学生体质。其对于学生"增强体质"具有重要的作用,应该进一步发扬。高校田径课程改革应当从学生体质发展的角度出发,结合大学生体质健康测试,来推动高校田径课程教学的发展。

此外,现代社会对人才的发展需求要求学校体育重视学生的情感体验和创造性的培养,促进学生个性的发展。从这一点来说,高校田径课程教学中,突出人文精神是与弘扬人文精神的时代潮流相适应的。在这种发展趋势下,为人们思考高校田径课程教学的价值提供了便利。

当前高校田径课程的改革与发展的重点,应是在增强学生体质的基础上,进一步拓展高校田径课程教学的人文价值,建立多元化的高校田径课程教学价值体系。

(二)明确田径课程教学目标

我国传统体育教学目标就是增强学生的体质,使学生掌握"三基"和德育。学校体育目标具有多样性、多层次性。我国体育教育工作者也已经充分认识到,体育教育的重心应从单纯地追求学生的外在技能水平向追求学生的全面协调发展转移,高校体育教育应该关注学生的素质成长与发展。

在素质教育背景下,要使我国的高校田径课程设置走出困境,必须重建田径教学在体育教育中的影响力,拓展田径运动素质教育功能,制定科学、实用、操作性强的高校田径课程教学目标。

具体来说,改革教学目标是高校田径课程教学改革的重点。在高校体育教学中,我国体育教学目标先后经历了"三点论""五点论"再到"四点论"的发展过程(表8-9)。从本质的层面来看,各个阶段的目标都具有一定的共性,只是表述形式不同。我国高校体育教学目标的基本内容没有改变。高校田径课程教学目标有着较高的使用频度,田径课程改革重点应该放在关注的是如何制定出科学、简便、实用,有着较强操作性的课程教学目标方面。

表 8-9　我国高校体育教学目标的发展

教学目标	教学目标内容
"三点论"	掌握运动技能、增强学生体质、思想品德教育
"五点论"	身体健康、运动参与、心理健康、运动技能、社会适应
"四点论"	身体健康、运动参与、运动技能、身体健康和心理健康

我国传统高校田径课程内容强调竞技性,这让田径变得枯燥、单一、乏味。田径课程的教学目的并不是把每个学生都培养成冠军,而是要凸显田径的健身功能。因此,在高校田径课程设置改革中,要强调田径运动的健身性,坚持"健康第一"教学理念。

(三)加强田径教师队伍建设

教师是教学核心和教改的关键,其在教育过程中起着不可替代的重要作用而且教师队伍的建设和管理决定着教学质量的提高。

作为高校田径课程教学的引导着,体育教师对学生田径运动学习有着重要的影响。只有优秀的体育教师,才能较好地开展高校田径教育工作,推动高校田径课程改革。因此,必须保证雄厚的师资力量,提高田径师资队伍的质量。

具体来说,针对当前高校田径教师队伍的建设,应该重视加强对教师队伍的素质培养与结构优化。此外,应将加强高校田径教师队伍建设的重点放在教学制度的创新方面,如采取教学和训练分离制度,让教学经验丰富的教师去教学,有训练专长的教师指导训练,充分发挥各个教师的特长。

(四)完善田径课程教学评价

当前,我国高校田径课程教学评价中,单一的、以竞技能力为主的评价方式的教学评价问题较为突出,非常不利于学生的田径运动学习的全面、客观评价。

针对上述田径课程评价不足,现阶段,应根据每个学生特点制定实现个性化考核,建立多元的评价体系,关注到每一位学生都能有所进步与发展。

具体来说,在高校田径课程考核中,应该综合考虑各个方面的因素,对大学生的田径学习进行科学、合理的评价。实现对学生的田径综合素质、田径运动能力、学生综合素质进行总体评价,使高校田径课程教学更加真实、科学、合理。多元化的高校田径课程教学评价体系应包括以下主要内容。

(1)学生田径竞技项目的成绩。

(2)学生田径参与后各身体素质的改善情况。

(3)学生田径学习的进步幅度。

(4)学生上课的出勤情况。

(5)学生日常田径参与情况。

(五)加强田径课程教学管理

新时期,高校田径课程改革应加强和重视田径教学课堂管理,包括课堂纪律、课堂安全、课堂学练的管理等。

以田径课堂学练的科学管理为例,在高校田径课程教学中,教师要严格要求学生,从学生的特点出发和体育需要出发,注意学生在田径学习中的缺陷和不足,重视教学训练方法和手段的创新,结合田径运动特点提高田径训练的趣味性。

需要特别提出的是,在高校田径课程教学中,教师不能够因为学生怕苦怕累就一味安排趣味性田径游戏,而减少教学训练中的运动负荷,教师应该做到从学生"健康第一"的角度出发,根据田径项目特点适当提高训练的趣味性,但绝不是放弃一定运动负荷强度的训练。

第二节　高校球类运动课程现状及改革发展

一、高校球类课程设置现状

（一）全国高校球类课程设置总体概况

球类运动项目内容丰富、种类多样，在我国各级各类高校具有广泛的学生基础，是我国高校体育课程教学的重要内容。目前，我国高校已经全部开展了球类运动课程，只是在不同的球类运动开展方面具有不同的侧重点。

在全国高校球类课程设置方面，足球运动课程、篮球运动课程和乒乓球运动课程是教学重点和教学主要内容。

就足球运动课程设置来说，现阶段，发展校园足球是我国发展足球运动事业的一项重要战略内容。发展与振兴足球运动一直是我国国民的迫切愿望。学校作为发展足球运动的一个重要教育基地，目前正在不断扩大足球运动课程的开展与开发，足球运动在整个体育教育系统中的地位不断上升，在高校，足球运动课程更是成为球类运动课程的一个重点项目。

就篮球运动课程设置来说，篮球运动充满激情与活力，深受高校大学生的欢迎，尤其受到高校男生的喜爱，是当前我国高校球类运动课程设置的重点课程之一。

就乒乓球运动课程设置来说，乒乓球运动被誉为我国的"国球"，在高校和整个社会上均具有广泛的群众基础，很多高校大学生都有参与乒乓球运动的经历，因此在高校球类运动课程中，乒乓球运动也就成为高校大学生的选修重点课程之一。

相对于上述三个球类运动课程设置，其他重点球类课程，如排球、网球的开课率则不高，只是在条件较好的综合性大学或体育专科学校才设有排球和网球课程,而且课程时间仅为一学期。

（二）高校球类课程教学目标现状

教学目标不明确是当前我国高校球类运动课程设置面临的一个重要问题。这一问题无论是在热点球类运动课程,还是选课人数较少的球类课程中,都很突出。

以高校足球运动课程为例,近年来,我国高校足球课程教学轰轰烈烈地开展起来,但是,目前很多学校在制定足球教学目标的过程中,过度单纯地关注阶段教育,忽视足球终身教育。另外,尽管许多高校都加大了对高校足球的开展力度,但是,对足球课程教学具体应该达到怎样的教学目标,描述都比较模糊,不够具体,甚至一些足球教学目标的指标性的描述也不足,这就导致在高校足球课程教学中,足球教师与学生不明白足球教学任务完成之后,学生要达到什么样的水平,教师怎样才算完成了足球教学任务。目标不明确导致高校足球教学工作开展具有盲目性。

整体来看,高校球类运动课程目标不明确,课堂教学中,教师更多地重视学生在课堂上的运动量,教学目标往往以某些技能的掌握为准,忽视学生对球类运动基础知识、基础技能、规则及裁判法的整体掌握,教学目标需要进一步明确、细化。

（三）高校球类课程教学基础现状

高校球类课程具有广泛的教学基础,在高校大学生中深受欢迎,这是球类运动在高校体育课程设置中具有的绝对性优势之一。

以三大球和三小球的课程设置与开展情况为例,其教学基础具体分析如下。

在高校足球开展中,学生普遍对足球运动有着高涨的热情,据调查,有70%以上的学生喜欢足球运动,有20%左右的学生经常在课外活动中从事足球运动。乒乓球运动具有球体小、速度快、变化多、设备简单等特点,因此乒乓球运动深受学生喜欢,目前,乒乓球运动已成为我国大部分学校的常设体育选项课程,学生基础广泛。

排球、网球运动在高校球类运动课程的开展情况比上述球类运动的开展情况要稍微差一些,选课人数相对较少,这不仅受到排球、网球技术难度大等因素的影响,同时与排球、网球运动对于场地和环境的要求较为苛刻有关。对于高校大学生来说,他们几乎都有参与排球、网球运动的经历,但只有很少一部分学生在课程之余还坚持参与排球运动,高校排球、网球运动课程存在选课率不固定的现象。

篮球、羽毛球运动的选课情况与学生基础介于足球与乒乓球、排球与网球运动之间。

总的来看,球类运动集健身、竞技、娱乐为一体,而且项目众多,便于高校学生结合自身情况和兴趣爱好进行选择,和其他体育课程相比,学生的选课率非常高。

(四)高校球类课程教学课时现状

高校球类运动项目多,每一个项目又包括复杂的技术、战术体育内容,整体来说,高校球类运动课程教学内容较多,但是一般学校安排的课时相对来说就比较少,学生球类运动课程的学习时间较短,远远不能满足学生的球类运动学习需求,很多教学内容往往一带而过,教学效果不理想。

此外,球类运动课程教学内容的掌握需要大量的训练与实践,而我国高校球类运动分配到的课时有限,具体到每一项球类运动、每一个球类运动技战术的学习中的课时就更加稀少,要在这有限的时间内促进高校大学生对球类运动的知识、技能的全面掌握,几乎是不可能完成的。

(五)高校球类课程教学师资现状

1. 师资的专业性

目前,我国高校中,从事球类运动课程教学的体育教师大多数来自体育院校、退役球类教练员或运动员、高校运动队和相关球类运动专业的学生。具有专业球类技能,同时具备良好执教能力的球类运动体育教师严重匮乏。

调查发现,我国高校球类运动课程的体育教师原来所学专项结构与目前学校所需体育专项结构的比例存在很大的不协调性,高校球类运动课程体育教师往往并非本专业出身,大多数也没有专业训练的经历,承担高校球类运动课程教学与训练任务的教师多为兼职,真正专业从事球类运动并具有丰富的教学经验的教师很少。这不仅很难满足学生的愿望,还难以保证高校球类运动课程教学和训练质量。

此外,当前从事高校球类运动课程教学的体育教师普遍关注运动实践的教学,而对运动理论方面的知识较为忽略,长久来看,这非常不利于学生对高校球类运动建立起良好的意识和基础,不利于高校球类运动课程的长期有效开展。

2. 师资年龄结构

一般来说,教学经验与教师的年龄有一定的关系,教学经验丰富的足球教师,其年龄就比较大,其能够很快地准确了解学生的个性特征、身体素质水平、对高校球类运动课程教学中学生对球类运动知识的需求以及球类运动学习的特点,并能够以此为参照依据,对教学与训练方法能做出适当的选择。但也存在由于长时间没有参与球类训练的实践活动,对最新的球类技战术方法与技巧掌握不足的情况。

目前,我国高校球类运动课程的师资队伍建设方面,师资力量的年龄结构还不合理,师资队伍的建立与完善还需要经过一定的时间才能完成。

3. 师资能力层次

调查显示,我国大多数从事高校球类运动的教师的学历是本科以上,综合来看,高校球类运动师资学历水平还是比较合格的。

也必须认识到的一点是,当前,虽然我国高校球类运动教师大多数具有本科学历,但他们大都来自体育学院和师范类体育专业,文化素质方面与专业球类运动员相比较高,但由于接受球类运动专业训练较少,或几乎没有接受过专业的球类实践训练,运动水平较低,师资学历与专业执教经验和能力之间的矛盾较为突出。

二、高校球类课程的发展趋势

（一）普及化发展

球类运动是体育运动的重要内容,在高校体育课程教学中,球类运动也占据着非常重要的地位和作用。

球类运动具有多元化的体育教育价值,在高校进一步普及和推广球类运动课程对于高校体育教学的进一步完善与发展、高校体育教育功能的进一步发挥均具有重要的促进作用。因此,未来一段时间内,我国高校球类运动课程必然将更加普及化,成为高校大学生的重要选修课程和必修课程。

（二）专业化发展

1. 高校球类运动课程学训的专业化发展

在高校球类运动课程教学中,正确处理学生的球类运动理论课程学习与实践课程训练之间的关系,加强学生训练的管理制度,更好地发挥学校管理机构的作用,为高校大学生创造一个优良的球类运动课程教学与训练环境,是现阶段我国高校球类运动课程的重要发展趋势之一。

就高校球类运动课程理论教学来说,当前,高校球类运动课程教学已不是单纯的技术教学,而是立体化教学,这就要求教学中由注重掌握技术、技能,向注重培养学生体育意识、兴趣、能力和个性的方向转化;由单纯强调技评和达标成绩的学习,向强调学生学习过程转化;注意在学习过程中激发学生的学习动机,启发学生的思维,使学生主动探究问题,自主活动。课堂教学中,师生关系更加融洽,教学效果与质量不断提高。

就高校球类运动课程实践教学来说,高校球类运动课程实践训练向多学科综合运用和更加科学化方向发展。随着我国素质教育的进一步实施,高校球类运动课程教学与改革将逐渐成为一项重要的研究内容,越来越多的科学化的训练手段与技术被运用到球类运动课程实践训练中去。此外,学校也越来越重视为高校大学生提供良好的实践训练环境,一方面,学校管理部门越来越重视高校球类运动训练管理,以校长负责,通过学校、学院的教务处与体育部的协调,加强对高校学生的球类运动训练的管理体系正在建立与完善;另一方面,我国诸多高校已经充分认识到,并非常重视和强调营造良好的校园氛围和和谐的师生关系,激发学生球类运动学习和运动训练参与的兴趣,以充分调动高校大学生的球类运动学训积极性和主动性。

2. 高校球类运动课程师资的专业化发展

师资资源匮乏是制约我国高校球类运动课程开展的瓶颈因素,专业球类运动教练人员需求缺口增大,填补这一缺口是我国高校球类运动课程改革与发展的重点,也是一个重要趋势。

随着我国高校对球类运动课程开展的重视,影响高校球类运动课程教学质量与效果的教师因素的改善备受关注。

未来的高校球类运动课程师资将更加完善、更加专业化。具体表现为,高校球类运动教师必须具备良好的基本技术、精湛的球艺、丰富的知识和组织竞赛的能力,只有提高球类运动课程教学专任课教师的综合能力,才能提高高校球类运动课程教学的实效,这是高校球类运动课程师资发展的必然趋势。

（三）多元化发展

1. 高校球类运动课程内容的多元化发展

球类运动的多元运动价值和运动文化魅力使得其在我国各高校深受欢迎,成为高校大学生学习和生活的重要组成部分。高校球类运动的活动形式多种多样,以足球运动为例,有11人制足球、5人制足球;以篮球运动为例,有街头篮球、三对三、四对四篮球等,这些运动在高校大学生中发展得较为普遍,开展得效果较好,因此,也逐渐被纳入高校球类运动课程教学之中,成为高校球类运动课程教学的重要教学内容。

2. 高校球类运动课程组织形式的多元化发展

课程教学组织形式的科学性不断增强是我国高校球类运动课程教学的重要发展趋势之一。

当代高校大学生的体育意识具有个性化、实用性、鉴赏性较高的特点,因此,高校球类运动课程的教学内容必须从竞技运动的束缚中解脱出来。只有多元化的球类运动形式迎合学生球类运动学习动机与需求时,大学生参与球类运动的意识才会得到增强。

目前,我国高校球类运动课程教学已经打破了全体学生一起上课的传统教学组织形式,开始尝试并逐步实施了分班教学和分组教学。传统的教学组织形式中,每次课的学生多,教师无法全面兼顾,不仅会影响到教学效果,还有可能导致伤害事故的发生;而新的分组（分班）教学组织形式,学生的数量少,教学更加有针对性,有利于教学的顺利进行和师生之间的良好互动与交流,有利于学生团队意识的培养,有利于教学目的的顺利实现,是我国高校球类运动课程教学组织形式完善的重要表现。

此外,高校球类运动教学也越来越重视课内外教学的一体化,我国许多高校都先后建立或成立了本校的足球、篮球、网球等球类运动俱乐部或体育协会,这些俱乐部或体育协会以学生为中心,这种进行"自我管理、以赛代学"的课内外一体化教学组织形式也将成为高校球类运动课程教学组织形式的一个重要趋势。

三、高校球类课程的改革与发展对策

(一)明确球类课程教学目标

课程目标制定的科学与否将涉及课程教学的内容、教学组织、教学手段与方法、教学质量的测量与评价等一系列问题。现阶段,高校球类运动课程的改革与发展,首先要做的就是明确高校球类课程教学目标。

新时期,开展高校球类运动,完善高校球类运动课程建设,必须将促进大学生的体质健康发展放在首位。高校球类运动课程的教学目标应定义为:通过球类运动课程教学,使高校大学生习得终身受益的身体锻炼知识、手段、方法,从中享受快乐、陶冶情操,提高专项球类运动素质,培养高校大学生适应未来社会所需的心理素质以及对外界环境的适应能力和抵抗能力,为高校大学生终身参与球类运动、实现体育教育服务。

在重视高校大学生球类运动参与与学习之后的身心健康发展的基础上,应进一步构建高校球类运动后备人才培养新模式。增强学生体质是"基础",构建后备人才培养模式是"提高",高校球类运动的开展必须明确这一点。

(二)重视球类运动普及推广

对于高校球类运动课程建设来说,激发高校大学生的球类学习兴趣是影响高校球类运动课程教学的重要因素。因此,要不断重视在高校进一步推广、普及、宣传球类运动,促进高校大学生积极参与球类运动,提高高校球类运动课程选课率。

现阶段,在高校进一步普及与推广球类运动,应充分重视对现代高新技术的科学运用,现代科学技术已越来越广泛地运用在球类运动运动当中,作为重要的人才培养基地,校园理应对构建球类运动网络信息平台给予关注。通过创建球类运动信息网络平台,方便学生的学习,便利教师教学与科研,同时加强舆论宣传,扩大高校球类运动在高校大学生中的影响力。

具体来说,高校应充分利用校园宣传媒介,如宣传栏、校园广播站、校园网站、知识讲座等,形成形式多样、点面结合的高校球类运动宣传推广工作平台,创造良好的高校球类运动氛围,有条件的学校还可以开展网络课程教学。

（三）加强球类课程师资建设

正如前面所分析到的,在高校球类运动课程教学与训练活动中,教师（教练员）是一个非常重要的影响因素,他们在高校球类运动活动的推进和发展过程中发挥着举足轻重的作用。加强高校球类运动师资队伍建设、优化高校球类运动师资力量是我国高校球类运动课程改革与发展的一个重要举措。

1. 扩充高校球类课程师资数量

针对当前我国高校球类运动课程师资数量短缺的现象,应进一步加大高校球类运动课程师资的培养,不断扩充高校球类运动师资队伍的人数。具体应做好以下工作。

（1）通过推进教师聘用机制的改革,完善球类运动师资队伍补充机制,增加高校球类课程师资数量,为高校球类运动课程建设与发展注入新鲜血液。

（2）通过对"球类运动师资特设岗位计划"的制定,择优聘用球类运动专项人才到学校任教。

（3）对教育部门与体育部门中现有的闲置专业资源进行整合,引进球类运动教练、运动员等专业资源,采用多元形式（兼职、引进等）丰富高校球类课程师资力量。

2. 优化高校球类课程师资质量

当前,优化高校球类课程师资质量主要是对高校球类运动师资队伍的数量结构、年龄结构、学历结构、职称结构等的优化,促进球类运动师资专业水平的不断提高。具体应做好以下工作。

(1)提高教师入职标准。推动我国球类运动教师资格制度的发展,提高球类运动教师的整体素质。对球类运动教师或教练员进行资格考试,进行分层分级管理。

(2)加强教师在职培训。及时对教师的知识结构、教学观念、教学技术应用等进行更新。

(3)加强教师继续教育培训,通过多种渠道为年轻的教师提供脱产进修、在岗培训等机会,提高教师的学历和教学水平,提高教师队伍的整体素质。

(4)促进教师个人发展,通过开展交流研讨会、专题讲座、出国考察与学习等,增加高校球类运动师资交流、学习的机会,促进高校球类课程师资队伍优化。

(四)健全球类课程管理体制

建立健全高校球类运动管理体制,有助于包括球类课程教学在内的高校球类运动各项工作和活动的科学、有序开展。

现阶段,我国科学的高校球类运动管理体系应坚持"政府为主导、教体共管,以教为主"的管理理念,建立科学的高校球类运动活动管理系统结构。这是高校球类运动课程改革与发展的重要管理基础,可以保障高校球类运动课程的进一步完善与发展。

(五)重视课余球类竞赛开展

为了进一步完善高校球类运动课程教学体系,必须进一步加强课余球类运动竞赛活动的组织,一方面,通过竞赛激发学生对球类运动的热情,使学生喜爱球类运动,从而引导他们参加课外球类运动锻炼,丰富大学生的体育文化生活,掌握一项锻炼身体的手段,为终身体育奠定基础;另一方面,能使课堂教学与课外活动有效的结合,提高球类运动的教学效果。

目前,我国许多高校球类运动普修课教学还仅限于课堂传授,高校大学生的球类运动课余训练与课堂教学的关系较为松散。大部分高校球类运动任课教师认为课余训练指导的重要性程度为一般。对此必须转变观念,在注重高校球类运动课余活动(包括校园球类运动竞赛)积极开展的同时,加强高校球类运动课程的课内外教学、训练、活动参与的密切配合与有效结合。

第三节 高校民族传统体育课程教学现状及改革发展

一、高校民族传统体育课程设置现状

（一）全国高校民族传统体育课程设置总体概况

近年来,随着我国对民族传统体育文化传承的重视和对民族传统体育文化的保护力度的不断加大,高校作为民族传统体育文化教育传承的一个重要场所,将民族传统体育课程内容纳入高校体育课程体系成为一个重要的举措。

目前,我国大部分高校都已经开设了民族传统体育课程,在具体的课程内容设置方面有所不同,但是和其他体育运动项目相比,我国地区性高校民族传统体育发展不平衡,有些学校只设武术课程,也有许多学校目前还未开设民族传统体育课程,高校民族传统体育课程还未覆盖全国所有高校。

（二）民族传统体育课程教学教材现状

针对我国高校民族传统体育课程教学教材现状,主要从以下

几个方面进行分析。

1. 高校民族传统体育课程教材来源

目前，我国各高校的民族传统体育教学中，民族传统体育教学的教材来源主要有以下几种，即统编教材、本校自编教材、统编自编教材相结合、无统一要求（教师自己掌握）、其他学校编写的教材。调查显示，合编教材的使用率是最高的（表 8-10）。

表 8-10 我国学校民族传统体育教学教材来源

形式	学校	百分比（%）
本校自编教材	18	30
本校与外校合编教材	16	26.7
无明确教材，教师自定	15	25
其他学校编写的教材	8	13.3
其他	3	5
总计	60	100

整体来看，我国高校缺乏统编的民族传统体育专业教材，不同高校在民族传统体育运动的教学知识和重点选择不同，教材选择往往缺乏规范性，民族传统体育课程教学内容体系非逻辑性、非系统性突出，不利于高校民族传统体育课程教学的系统化和学生民族传统体育学习的广度和深度扩展。

2. 高校民族传统体育课程教材内容

结合我国高校民族传统体育课程教材使用现状来看，当前，我国现有的、正在使用的高校民族传统体育教学教材内容理论性较强，在民族传统体育项目方面，主要包括初级太极拳、三路长拳、棍术、剑术等。

教材内容所涉及的民族传统体育项目中，具体的套路动作中，单个动作较多，套路编写太长，不利于学生的熟练掌握，学生理解掌握起来就会比较困难,而且枯燥乏味,不利于学生民族传统体育学习兴趣和积极性的提高。教学内容陈旧、专业性强,即便是学生感兴趣,但是因可操作性差而使该类课程开设后选课的学生较少不能成班,一些项目的课程教学面临着停开状态。[①]

3. 高校民族传统体育课程教材质量

正如前面的调查结果分析显示,现阶段,我国许多高校所采用的民族传统体育教材属于自编教材,教材版本众多,但是,其中存在一个很严重的问题就是,各种版本并没有从整体上丰富高校民族传统体育教材内容,这些教材在内容上基本上都是雷同的,是一种民族传统体育研究繁荣和教材丰富的假象。

在现有的许多在用高校民族传统体育教材中,有的章节设置甚至整节、整段的内容都完全一样,很多教材粗制滥造,民族传统体育教材质量不高。

(三)民族传统体育课程教学内容现状

1. 高校民族传统体育课程教学内容构成

教学内容单一、重实践轻理论是我国高校民族传统体育教学的重要现象。

我国的民族传统体育教学大纲是由国家统一制定的,受教学大纲制约,很多学校的民族传统体育教学内容相似,主要包括太极拳、拳术、刀、棍、剑等初级套路,而散打、短兵等竞争性和攻防实战性较强的民族传统体育项目很少。

整体来看,武术类项目是高校民族传统体育教学的主体,其他民族传统体育仅仅占有非常低的内容比例。有很多高校民族传统体育教材,仅有武术或仅以武术为主,其他传统民族体育项

---

①　曾秀端. 福建省高校民族传统体育课程开设现状与对策研究[D]. 福建师范大学,2007.

目涉及较少,特别是娱乐性、健身性、趣味性较强的少数民族传统体育几乎没有。这一部分教材在高校民族传统体育教材中占据较大比例。

2. 高校民族传统体育课程教学内容比重

理论和实践两个方面共同构成了民族传统体育教学的内容体系。理论教学有助于学生了解民族传统体育文化,掌握民族传统体育的精髓。

就目前来看,高校民族传统体育教学重实践教学而轻理论课教学。高校民族传统体育课程教学中,理论知识的课时很少,甚至没有理论教学。理论课程教学的缺乏,使得高校大学生对民族传统体育文化了解较少,不利于高校民族传统体育课程教学的长期、可持续开展。

3. 高校民族传统体育课堂具体教学内容

(1)民族传统体育理论知识和技术概念教学

包括民族传统体育的技术动作名称、过程、术语、要领、要求,技术特点、力学解剖原理,谚语、口诀、典故、故事,政治动员,表彰、批评、评价等。

(2)民族传统体育基本功、动作、套路教学

基本功即为完成基本动作所必须具备的专项身体素质,扎实的民族传统体育基本功是个体学习和掌握民族传统体育难度动作的重要基础;民族传统体育的基本动作是民族传统体育组合动作、套路练习、攻防技能的重要基础;民族传统体育组合动作主要包括手法组合、腿法组合、步形组合、腰法组合、跳跃组合,以及综合性的组合;民族传统体育套路是民族传统体育基本动作、组合动作的机械串联。

民族传统体育基本功、动作、套路是当前高校民族传统体育课程教学的主要教学内容。

（3）民族传统体育攻防技术教学

民族传统体育攻防技术是运用民族传统体育踢、打、拿等方法，以击败敌人并保护自己的活动。这部分教学主要是结合实战对抗合理组织和开展教学。出于专业性、安全性考虑，目前，在高校民族传统体育课程教学中较少涉及。

（四）民族传统体育课程师资建设现状

1. 师资专业基础

目前，我国高校从事民族传统体育课程教学的教师，只有一小部分毕业于民族传统体育专业，大多是从高等院校毕业的学生，由于其所学内容多为教学大纲规定的内容，因此，现有高校民族传统体育教师队伍的理论知识具有较大的局限性。

2. 师资年龄结构

调查显示，目前，我国高校民族传统体育专业教师队伍年龄主要集中分布在 31—50 岁区间，占我国高校民族传统体育总体教师人数的约三分之一，是我国高校民族传统体育教师队伍的主力，此外，年轻教师和老年教师比例相当（图 8-2）。

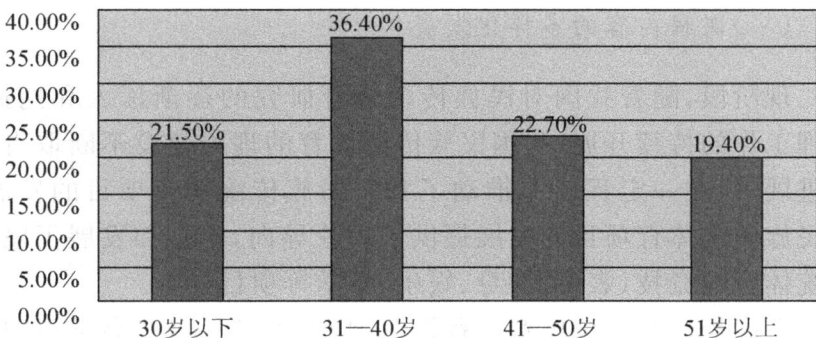

图 8-2

从总体上来看，我国高校民族传统体育专业教师年龄结构基本合理,但也存在教师队伍的老化现象。①

(五)民族传统体育课程教学设施现状

近年来,随着我国高校民族传统体育教学改革的不断深入,高校大学生选修民族传统体育课程的人数逐渐增多,但是,随着民族传统体育课程的设置,学校的教学设施并没有及时跟进。

调查发现,在我国各大高校不断加强体育教育、积极进行校园体育设施建设的大背景下,各高校均建设了高标准的体育馆、体育场所,但唯独缺乏民族传统教学场地,即使是开展较普遍的民族传统体育项目,也没有专门的教学场地和训练场地。民族传统体育教学通常以露天场地为主,或者借用球类运动场地开展教学。

此外,当前高校民族传统体育课程教学还存在着器材数量少、器材设备破损严重的问题,严重影响了民族传统体育教学效果,同时对学生的教学安全埋下了隐患。

二、高校民族传统体育课程的发展趋势

(一)课程内容的多样化发展

现阶段,随着我国对民族传统体育研究的逐渐深入和挖掘、整理工作的持续开展,我国民族传统体育的理论建设不断取得新的进展,这在一定程度上推动了我国民族传统体育项目的发展,为民族传统体育项目的发展提供了理论导向,丰富和发展了民族传统体育的竞技、表演、健身、娱乐、教学等项目内容。

在高校民族传统体育课程设置中,为了进一步提高学生的民族传统体育学习兴趣,促进民族传统体育教学内容在高校的教育

---

① 林秋平. 我国普通高校民族传统体育专业本科学生培养现状的调查与对策研究[D]. 苏州大学,2006.

传承,高校民族传统体育的教材内容将更加完善,课程教学项目将呈现出多元化的发展趋势,少数民族传统体育项目将更多地被纳入民族传统体育课程教学体系之中。

少数民族传统体育项目被引入高校民族传统体育课程教学,进一步丰富了民族传统体育课程教学内容,这些新的课程设置与建设极大地促进了我国高校民族传统体育课程体系。

（二）精品课程的日益增多

近年来,为了进一步推动我国高校民族传统体育的不断发展与完善,我国开设了一些精品课程,在武术课程方面进行了重要的课程创新与尝试,设立了不同级别的多个武术精品课程。这些课程的设置对于促进我国高校民族传统体育课程教学的进一步发展具有重要的启发和推动作用。

三、高校民族传统体育课程的改革与发展对策

（一）加强国家相关教育政策扶持

我国高校民族传统体育课程是一门新兴课程,开设的时间较短,为了更好地促进民族传统体育课程的开展,各级管理部门应该尽可能地在政策、科研、资金等方面给予大力支持。

具体来说,国家应在教学大纲编写、教材编写、课程设置、高校文化推广方面多下功夫,使高校民族传统体育教学课程的设置有教材可供指导、有资源可供使用。

（二）调整民族传统体育教学目标

针对现阶段,我国高校传统民族传统体育运动课程主要针对民族传统体育专业学生开展,教学目标过度强调竞技性,忽视学生的基础运动能力的培养和身心的协调发展的现状,应对我国高校民族传统体育课程教学目标进行适当调整。

具体来说,高校民族传统体育课程教学目标调整应注重以下三个方面:一是基本素质,二是专业素质,三是创新素质。[①] 应把增强学生体质、提高学生健康水平作为民族传统体育教学的首要目标,增强学生体质、提高学生的民族传统体育运动素养、重视学生个性发展。培养能从事民族传统体育教学、训练、科研、健身指导、高级保安的人才。

(三)加强民族传统体育教材建设

教材是高校民族传统体育课程教学的重要基础和载体。加强民族传统体育教材的建设,创编优秀民族传统体育系列教材,是当前高校民族传统体育课程教学改革与发展的重点之一。

首先,为进一步规范我国高校民族传统体育课程教学的教材、提高教学质量,国家教委、体育总局组织专家应重视创编一套全国统一的普通高校民族传统体育教材。

其次,在统编教材的基础上,要充分考虑不同地区高校的地区、学校特色,将具有浓郁地方特色的民族传统体育及少数民族体育纳入教材,充分体现民族特点。

最后,目前我国高校民族传统体育课程内容以套路运动教学为主,但从相关调查来看,高校大学生对格斗运动的兴趣越来越高,因此,为了满足学生学习格斗的愿望,应适当拓展民族传统体育课程教学内容,增加格斗内容。

此外,随着我国高校的对外开放,国外留学生日益增多,为满足这部分学生的学习需求和宣传我国民族传统文化,还应将具有代表性的项目编写成双语教材,供世界各国的留学生和华侨生学习,促进东西方文化的交流,扩大我国民族传统体育文化的世界影响力。

---

① 林秋平. 我国普通高校民族传统体育专业本科学生培养现状的调查与对策研究[D]. 苏州大学,2006.

（四）丰富民族传统体育课程类型

针对我国高校民族传统体育课程教学形式比较单一的问题，各学校应结合本校的具体实际，有针对性、目的性地拓展民族传统体育课程类型，方便学生选修、学习。

（五）完善民族传统体育选课制度

目前，民族传统体育教学有必修课和选修课，学校必须真正落实科学选课制度，很多高校往往只在学期初列出选修课所选项目设置，供学生选课，没有完整的季度、年度课程（项目、内容）安排可供学生查看、了解。一些学生在选修民族传统体育课程之后，往往会出现不同学期所选课教学内容重复的问题。

对此，学校应进一步完善选课制度，把各种形式的民族传统体育和教学进度等展示到学生面前，使学生能结合自身情况进行自由选择、合理安排学习内容与进度。

（六）加强民族传统体育师资建设

在高校民族传统体育课程教学过程中，教师起着重要的主导作用，因此，应加强师资队伍建设，提高教师专业素质，这是提高高校民族传统体育课程教学质量的重要基础。

高校民族传统体育师资建设应从以下几方面着手进行：加大引进高层次教师、对现有教师进行培训、为教师提供较好的科研和教学环境。

（七）完善民族传统体育教学基础建设

现阶段，促进民族传统体育课程发展还应注意加强在民族传统体育教学场地、器械等配套设施的建设，保障民族传统体育课程的顺利开展。

教学场馆是组织民族传统体育教学，开展民族传统体育竞赛活动的重要保证，针对目前我国高校民族传统体育教学与训练场馆设施建设普遍落后、地区发展参差不齐的现状,一方面,政府应加大对高校民族传统体育教学资金的投入;另一方面,各类高校应重视开拓教学资金来源、优化资金和物质基础利用,为高校民族传统体育课程教学的开展创造良好的教学环境、训练环境、比赛环境。

参考文献

[1]张振华.体育教学理论与方法[M].北京:北京师范大学出版社,2016.

[2]李启迪,邵伟德.体育教学基本理论研究[M].北京:北京师范大学出版社,2014.

[3]张亚平.学校体育教学与管理[M].北京:中国书籍出版社,2014.

[4]龚坚.体育教育学[M].重庆:西南大学出版社,2006.

[5]赵光学.体育教学理论与发展探究[M].长春:吉林大学出版社,2013.

[6]毛振明.简明体育课程教学论[M].北京:北京师范大学出版社,2009.

[7]蔡宝忠.体育教师新论[M].北京:人民体育出版社,2006.

[8]刘剑.学校公共体育课教学改革的研究与探索[M].西安:西安地图出版社,2009.

[9]高鹏.从科学发展观谈学校体育教育"三大理念"的内涵[J].科技信息,2009(34).

[10]吴昱宏.美国大学体育教育理念启示[J].福建体育科技,2014,33(02).

[11]牛智伟.美国大学体育理念对中国的启示[J].太原城市职业技术学院学报,2014(10).

[12]杨林.社会新形势下高校体育教育理念的更新与重构[J].亚太教育,2015(25).

[13]张勇平.论体育教育理念的转变与更新[J].湖北师范学院学报(自然科学版),2016,36(04).

[14]刘志洪.论体育教育理念的创新[J].黑龙江科技信息，2011(26).

[15]苏林威.浅论体育教育理念的转变[A].北京中外软信息技术研究院会议论文集[C].2015.

[16]张玉兰,朱书祥.对普通高校体育教学模式的理论梳理及发展趋势的探索研究[J].吉林体育学院学报,2011(04).

[17]张瑞林.学校体育管理学[M].北京:高等教育出版社,2014.

[18]董力升.大学体育教育管理的瓶颈解析[J].黑龙江高教研究,2011(03).

[19]季学慧.学校体育教育管理实效性策略[J].运动,2013(18).

[20]翁伟炯.论高中体育教育中和谐师生关系的构建[J].运动,2010(03).

[21]曹熙.大学体育教学中和谐师生关系的构建[J].赤峰学院学报(自然科学版),2013,29(02).

[22]许占鸣,李晓慧.我国体育院校体育教育专业田径课程设置与实施情况的对比研究[J].中国学校体育,2015(10).

[23]蔡华.我国普通高校田径课程改革的国际化趋势[J].广州体育学院学报,2013,2(33).

[24]李继国,乐玉忠,杜翊.高校球类运动教学与探索[M].长春:吉林大学出版社,2011.

[25]林秋平.我国普通高校民族传统体育专业本科学生培养现状的调查与对策研究[D].苏州大学,2006.

[26]曾秀端.福建省高校民族传统体育课程开设现状与对策研究[D].福建师范大学,2007.